LE IMMAGINI ASTROLOGICHE DEI DECANI E I LORO SEGRETI POTERI CREATORI

GIACOMO ALBANO

COPYRIGHT 2020 GIACOMO ALBANO

"…Sappi che ciò che è stato detto riguardo ai decani dei segni è un grande segreto di grande beneficio e che non può essere inteso da molti studenti di astronomia, a meno che non siano intelligenti, acuti e sottili nell'estrarre la radice di ciò che è profondo" (Picatrix, Libro 2, cap. 11).

"I saggi indù affermano che le radici degli effetti dell'arte magica sono chiamate decani" (Picatrix, libro 2, cap. 12).

INDICE

INTRODUZIONE……………………………PAG.5

PARTE PRIMA………………………..PAG.9
LE IMMAGINI DEI DECANI: UN FORMIDABILE (E PERICOLOSO) SEGRETO CONOSCIUTO DA POCHI

NOTE STORICHE: EVOLUZIONE E SIGNIFICATO DEI DECANI E DELLE LORO IMMAGINI

I DECANI NEL PICATRIX: UN GRANDE (E PERICOLOSO) SEGRETO
IL VERO MESSAGGIO CELATO DIETRO LE IMMAGINI DEI 36 DECANI

I PROCEDIMENTI DI CREAZIONE DELLE IMMAGINI DEI 36 DECANI
I SIGNIFICATI OCCULTI DELLE IMMAGINI DEI DECANI

PARTE SECONDA…………………………PAG.23
I 36 DECANI NEL PICATRIX: LA GENESI ASTROLOGICA DELLE LORO IMMAGINI

I TRE DECANI DELL'ARIETE
I TRE DECANI DEL TORO
I TRE DECANI DEI GEMELLI
I TRE DECANI DEL CANCRO
I TRE DECANI DEL LEONE
I TRE DECANI DELLA VERGINE
I TRE DECANI DELLA BILANCIA
I TRE DECANI DELLO SCORPIONE
I TRE DECANI DEL SAGITTARIO
I TRE DECANI DEL CAPRICORNO

I TRE DECANI DELL'ACQUARIO
I TRE DECANI DEI PESCI

BIBLIOGRAFIA………………..………..PA.55

OPERE DELLO STESSO AUTORE………PAG.57

INTRODUZIONE

Il *Picatrix* è il più importante trattato di magia astrologica a noi pervenuto. In più di un punto di quest'opera si parla dei decani attribuendo ad essi una grande importanza nell'arte magico-astrologica e lasciando chiaramente intendere che non a tutti è dato di comprenderne a pieno la vera natura, e quindi il modo di usarli: "…Sappi che ciò che è stato detto riguardo ai decani dei segni è un grande segreto di grande beneficio e che non può essere inteso da molti studenti di astronomia, a meno che non siano intelligenti, acuti e sottili nell'estrarre la radice di ciò che è profondo" (Libro 2, cap. 11).
E ancora: "I saggi indù affermano che le radici degli effetti dell'arte magica sono chiamate decani" (libro 2, cap. 12).
In questo studio cercheremo di scoprire questo segreto, e a tal fine ci occuperemo non tanto dei decani in quanto tali, quanto delle loro immagini (da sempre usate nella Magia astrologica) e della loro relazione con le costellazioni e le stelle fisse.
Questa relazione è basata sui cosiddetti *paranatellonta,* termine di origine greca che significa "levarsi accanto" e che, come vedremo, in realtà è stato usato in varie accezioni. Oggi di solito usiamo questo termine per riferirci alle stelle e costellazioni che si trovano contemporaneamente in uno dei quattro angoli del cielo al sorgere di un certo grado zodiacale.
La verità è che tramite i decani gli antichi ci hanno voluto tramandare un messaggio preziosissimo e che va ben al di là della singola immagine. In altre parole, essi ci hanno voluto mostrare il procedimento tramite cui, istante per istante, i Cieli creano i vari eventi della vita terrena, e questo vale sia per le caratteristiche di coloro che nascono in un certo momento, sia per i vari eventi che accadono sul nostro pianeta. Si tratta, infatti, di un processo di costruzione tramite immagini, e queste immagini sono quelle delle costellazioni che si trovano realmente negli angoli, ma anche quelle che corrispondono in tutto o in parte per longitudine a quelle costellazioni zodiacali che portano lo stesso nome dei segni che sono angolari in quel certo momento.
Vi anticipo che (per i motivi che saranno spiegati nel corso di questo lavoro) in questa mia ricostruzione ho fatto riferimento ai paranatellonta delle costellazioni zodiacali, e non a quelli degli omonimi segni.
Nelle seguenti pagine illustrerò una possibile spiegazione del modo in cui sono state costruite in base ai paranatellonta le immagini dei decani presentate nel Picatrix. La mia ricostruzione non ha pretese di assoluta precisione, né di esaustività.
Il mio scopo, infatti, è semplicemente quello di mostrare in che modo avviene il processo di creazione della realtà terrestre tramite immagini celesti. Possiamo infatti affermare che le immagini dei decani che ci sono state tramandate sono solo un esempio delle miriadi di infinite immagini che sono prodotte ad ogni istante dal moto dei Cieli. Queste immagini prodotte dall'incessante e sempre mutevole intreccio di pianeti, stelle e costellazioni trovano manifestazione qui sulla Terra nelle cose ed eventi in cui ogni giorno ci imbattiamo.
È quindi importante tener presente che le varie parti di ciascun segno, nonché i segni stessi nella loro interezza, hanno altri influssi oltre quelli canonici, i

quali sono dovuti alle omonime costellazioni e ai loro paran. E questi influssi secondari non sono soggetti a variare nel tempo con il sia pur lento spostamento di stelle e costellazioni.

Tener conto di questo può essere molto utile anche nello studio dei temi natali: un certo segno (nonché ciascuno dei tre decani in cui può essere diviso) può avere certe caratteristiche anche a causa delle costellazioni extrazodiacali che corrispondono all'omonima costellazione zodiacale per longitudine. E questo spiegherebbe anche perché la collocazione di certi punti importanti della carta in certi segni e decani produce certe caratteristiche del nativo che non sarebbero del tutto spiegabili in base ad altri fattori.

Nella prima parte di questo lavoro approfondisco tutti questi punti e spiego dettagliatamente le dinamiche di questo processo di creazione cosmica.

Nella seconda parte applicheremo invece questi principi generale alle 36 immagini dei decani contenute nel Picatrix. A tal fine ne illustreremo in dettaglio la genesi astrologica alla luce di questi paranatellonta.

Per avere un'idea più precisa e concreta del cielo reale con tutte le immagini delle costellazioni angolari in un certo momento ho fatto uso del software *Stellarium* che può essere scaricato gratuitamente in rete, e invito anche il lettore a prendere dimestichezza con esso e a usarlo quotidianamente per farsi un'idea del reale aspetto del cielo stellato.

Alla fine di questa lettura (che mi auguro sia appassionante per tutti) lo studioso comprenderà che gli eventi del nostro mondo sono legati agli influssi celesti in una maniera molto più estesa e capillare di quel che gli astrologi stessi possono immaginare. Si tratta di una vera e propria opera di "creazione", che però può essere verificata sul campo solo se si tiene conto anche di tutti questi altri fattori stellari, e non soltanto dei pianeti e dei loro aspetti, come di solito fanno gli astrologi.

Si comprende anche perché possiamo definire "pericoloso" questo segreto: se applicati a dovere nelle pratiche magiche, i decani possono consentire al mago di creare la realtà desiderata, acquistando così poteri quasi "divini"...A tal fine è necessario però che vi sia perfetta corrispondenza tra le immagini dei decani (e gli altri fattori astrologi rilevanti) e lo scopo perseguito. Non è affatto semplice, e il lavoro e la perizia richieste sono al di sopra delle capacità della maggior parte dei praticanti...ma in teoria è possibile.

Lo scopo di questo e degli altri miei lavori di ricerca pubblicati negli ultimi anni[1] è infatti quello di promuovere un'astrologia non più pensata e costruita a mero scopo di consulenza (previsionale o psicologica che sia), favorendone piuttosto la trasformazione in una materia con aspirazioni filosofiche e sapienziali, tali cioè da poter contribuire alla costruzione di una vera e propria visione del mondo basata non sulle idee di questo o quel pensatore, ma su dati di fatto, sia pure verificabili solo dai "tecnici" della materia.

---

[1] In questa linea di ricerca rientrano, infatti, anche altri miei saggi, quali *"Astrologia dei raggi. Come i raggi delle stelle creano il mondo"*, *"I segreti dell'Ottava Sfera. Studio sulle corrispondenze astrologiche tra la sfera delle Stelle Fisse e le cose terrestri"*, *"Macrocosmo e Microcosmo in astrologia"*.

PARTE PRIMA

LE IMMAGINI DEI DECANI: UN FORMIDABILE (E PERICOLOSO) SEGRETO CONOSCIUTO DA POCHI

NOTE STORICHE: EVOLUZIONE E SIGNIFICATO DEI DECANI E DELLE LORO IMMAGINI

In questo studio ci occuperemo non tanto dei decani in quanto tali, quanto delle loro immagini astrologiche (da sempre usate nella Magia astrologica) e della loro relazione con le costellazioni e le stelle fisse.
Questa relazione è basata sui cosiddetti *paranatellonta*, termine di origine greca che significa "levarsi accanto" e che, come vedremo, in realtà è stato usato in varie accezioni.
Lo stretto legame esistente tra le immagini dei decani e le costellazioni e stelle fisse che ad essi corrispondono risulta evidente se consideriamo la storia dell'astrologia[2].
Il cielo descritto nei *Phaenomena* del poeta greco Arato (312-245 a.C.) è già pieno di riferimenti mitologici associati alle costellazioni, quindi inizia ad arricchirsi e acquistare una certa indipendenza dalla nuda realtà del cielo astronomico.
La tappa successiva è rappresentata dai *Catasterismi di* Eratostene di Cirene (276-194 a.C.), in cui la mitologizzazione riguarda non soltanto il nome, ma anche il significato delle costellazioni. Eratostene fu anche direttore della celebre Biblioteca di Alessandria.
Poi fu la volta di Ipparco, la cui opera originale è andata perduta, ma confluì in buona parte nell'Almagesto di Claudio Tolomeo e quindi contribuì in maniera decisiva a delineare quella che si suole definire *Sphaera Graecanica*.
Ma per quanto riguarda i decani, ancor più importante è seguire la storia ed evoluzione della cosiddetta *Sphaera Barbarica*. Essa è solitamente ascritta a Teucro Babilonio, studioso che visse al più tardi intorno al primo secolo d.c. Per usare le parole di Lucia Bellizia, si tratta di "una descrizione del cielo delle stelle fisse, all"incirca tre volte più grande del catalogo astrale di Eudosso, Arato ed Eratostene, grazie all"arricchimento a mezzo di nomi tratti da cataloghi di origine egizia e babilonese, che è stata poi ricostruita con acume geniale da Franz Boll. Ovviamente, in molti casi si trattava di nomi diversi per la stessa costellazione, cosa di cui Teucro non sembra essersi preoccupato, accrescendo oltre modo la distanza tra il cielo reale e quello mitologico. L"arricchimento da lui operato infatti non era dovuto certamente a più precise osservazioni astronomiche. Fra i nuovi abitanti della volta celeste, vi sono i decani (un misto di astro e divinità), a ciascuno dei quali era assegnato un

---
[2] In queste note storiche riassumiamo alcune informazioni presenti nell'ottimo articolo di Lucia Bellizia che potete consultare per intero qui http://www.apotelesma.it/wp-content/uploads/2016/02/Da_Teucro_il_Babilonio_a_Palazzo_Schifanoia._I_Decani1.pdf Il titolo è "Da Teucro Babilonio a Palazzo Schifanoia: i Decani".

arco di dieci gradi della fascia dello Zodiaco: ogni segno corrisponde a tre decani, che signoreggiano dieci giorni dell"anno e concorrono con i pianeti alla personalizzazione del singolo tema natale. Il cielo si popola così, accanto ai ben noti personaggi di un tempo, di esotiche immagini talora inesplicabili; sphaera grecanica e sphaera barbarica convivono nell"astrologia del tardo ellenismo ed è della seconda che tenteremo di tracciare le migrazioni, servendoci proprio dei decani".

Il poeta latino Marco Manilio nel suo *Astronomicon* non associa i decani alle costellazioni, ma in compenso dedica l'intero libro quinto del suo poema ai paranatellonta, cioè alle stelle o costellazioni extra-zodiacali che sorgendo e tramontando con particolari gradi dei segni dello Zodiaco esercitano la loro influenza sugli uomini, facendo sì che i nati abbiano specifiche caratteristiche.

Mathesis è invece il nome dell'opera di Giulio Firmico Materno (ca. 280 - 360 d.C.) in cui troviamo una sezione dedicata alle costellazioni extrazodiacali che si levano con i vari gradi dello Zodiaco. Anche in questo caso non vi è un'associazione con i decani (di cui si parla in altri punti dell'opera). La cosa non deve sorprendere, in quanto le costellazioni entrano in gioco non per i decani in sé, ma per la composizione delle immagini dei decani – delle quali questi autori non parlano. Da notare che, come Manilio, anche Firmico Materno già collega gli effetti delle costellazioni e delle loro stelle ai racconti mitologici ad esse associati. A proposito dei decani, Firmico ci fa notare che "alcuni (autori), desiderando trattare questo argomento con maggior profondità, assegnarono a ciascun decano tre divinità, così che in ogni segno se ne possono trovare nove.

Un altro grande astrologo che si occupò dei decani fu Retorio, il quale mescolò Teucro con altre fonti e riconobbe un legame tra costellazioni e decani. Retorio, infatti, elenca le costellazioni che consorgono con i decani e le peculiarità di coloro che sotto di essi nascono. Si parla anche delle regioni della terra, delle zone del corpo e delle malattie governate da ciascun decano. Le immagini sono in parte diverse da quelle oggi in uso. Ecco per esempio come sono descritti i tre decani dell'Ariete: "Nel primo decano sorgono Atena e la coda della Balena e la terza del Deltotos (Triangulum) ed il Cinocefalo che porta le fiaccole e la testa del Gatto del dodecahōros; col secondo decano si levano Andromeda, e la parte centrale della Balena e la Gorgone e la spada falcata di Perseo e la parte centrale del dodecahōros; col terzo decano si levano Cassiopea collocata sul trono e Perseo a testa in giù e la testa della Balena e la parte restante del Deltotos e la coda del Gatto del dodecahōros; e il primo decano ha il volto di Marte; il secondo del Sole; il terzo di Venere; sorge qui una stella brillante al grado 3 e 50 m. all'estremità del Fiume, umida, di prima grandezza, natura commista Giove e Venere ..."[3].

Un posto a parte merita Abu Ma'shar, il quale nel suo *Introductorium* elenca i decani di ogni segno, e di ogni decano descrive l'immagine consorgente secondo i persiani, secondo gli indiani e secondo i greci: ne risulta così una sorta di sinossi di facile consultazione delle tre *sphaerae*. e l'opera di sincretismo iniziata da Teucro il Babilonio ne esce ulteriormente arricchita. A questo punto, come ci fa notare Lucia Bellizia, l'elenco di Teucro si era sommato a figure arabe, indie e greche tanto fantastiche quanto inesistenti, dando luogo a una raffigurazione del cielo che poco aveva a che fare con quella realmente osservabile.

---

[3] L. Bellizia, op. cit.

Da quanto abbiamo detto, risulta evidente in cosa consiste quella *Sphaera barbarica* così ben ricostruita dal filologo tedesco Franz Boll nella sua opera *Sphaera*. Si tratta di un cielo completamente diverso da quello rappresentato dalla *Sphaera Graecanica* e che poggia le proprie basi su un elenco, attribuito a Teucro il Babilonio, di paranatellonta ovvero costellazioni che consorgono (più avanti esamineremo meglio il significato del termine) con i segni zodiacali o parti di essi. Spesso a queste costellazioni sono associati nomi di divinità, e oltre alle costellazioni che sorgono e tramontano col segno vengono indicate quelle che si trovano in prossimità del segno stesso.

Nel suo lavoro di compilatore Retorio è stato per noi il mediatore degli elenchi dei paranatellonta di Teucro. In questa sfera rientrano dunque anche costellazioni non greche a noi sconosciute.

I paranatellonta sono quindi molto importanti per la creazione delle immagini dei 36 decani, ma questo termine greco è stato usato in varie accezioni. Le principali sono le seguenti: 1) il contemporaneo sorgere di due o più astri o costellazioni all'orizzonte in concomitanza con certe porzioni di zodiaco. In questa prima accezione, si intende il reale sorgere visibile, quindi si tratta di un dato suscettibile di variare in base alla latitudine del luogo di osservazione 2) in altri casi questo stesso termine viene usato con riferimento alla sola longitudine: in tal caso non corrisponde all'apparenza visuale, ma in compenso resta uguale per tutti i luoghi della Terra 3) in altri casi ancora, il termine indica la contemporanea presenza di varie stelle o costellazioni ai quattro angoli del cielo. Per esempio, al sorgere della costellazione x tramonta la y, culmina la z e anticulmina la k. Anche questo crea un legame tra queste costellazioni che, come vedremo, si rivela molto importante per la creazione delle immagini dei decani. Né è difficile comprenderne il motivo, visto che le stelle che si trovano in uno dei quattro angoli del cielo sono molto più potenti nei loro effetti di quelle non angolari. E quindi è del tutto normale che possono mescolare i loro effetti, un po' come accade ai pianeti quando sono in aspetto tra loro.

I DECANI NEL PICATRIX: UN GRANDE (E PERICOLOSO) SEGRETO

È interessante considerare anche il Picatrix, anche se ovviamente in quest'opera i decani sono considerati soprattutto dal punto di vista della magia astrologica.

In più di un punto del Picatrix si parla dei decani attribuendo ad essi una grande importanza nell'arte magico-astrologica, lasciando chiaramente intendere che non a tutti è dato di comprenderne a pieno la vera natura, e quindi il modo di usarli: "…Sappi che ciò che è stato detto riguardo ai decani dei segni è un grande segreto di grande beneficio e che non può essere inteso da molti studenti di astronomia, a meno che non siano intelligenti, acuti e sottili nell'estrarre la radice di ciò che è profondo" (Libro 2, cap. 11).

E ancora: "I saggi indù affermano che le radici degli effetti dell'arte magica sono chiamate decani" (libro 2, cap. 12).

In altri punti dell'opera si allude al fatto che la natura e l'immagine di ciascun decano sono legate da un lato al governatore planetario del decano stesso (del quale l'immagine rappresenta appunto un "volto"), dall'altro alle costellazioni e alle stelle fisse che corrispondono al decano stesso.

Sempre nel libro 2, infatti, si afferma che "Ognuno di questi decani ha una natura e un'immagine che è appropriata al suo signore". Ma, come ho già spiegato in un altro mio lavoro[4], è stata per me decisiva la lettura di alcuni passi del Picatrix, i quali sembrano riconoscere una corrispondenza tra le stelle fisse di ciascuna costellazione zodiacale e i corrispondenti gradi dell'omonimo segno zodiacale.

Per esempio nel capitolo 9 del libro 2 si spiega come creare un talismano per scacciare i topi da un certo luogo e si dice: "Tracciate le seguenti figure su un piatto di rame rosso mentre sorge il primo decano del Leone, poiché questa immagine appartiene alle stelle fisse che sono nel segno del Leone".

Ora, le stelle della costellazione del Leone con il tempo cambiano il loro grado zodiacale per effetto della precessione e anche del loro moto proprio, ma è evidente che anche secondo l'autore del Picatrix la loro relazione con il segno zodiacale del Leone non viene meno per questo motivo. Appare evidente che l'autore non si riferiva alle stelle che in quel periodo si trovavano nel segno del Leone, ma a quelle dell'omonima costellazione, le quali si trovavano e sempre si troveranno in essa.

È insomma la stessa cosa che accade anche alle 28 dimore lunari, il cui influsso non varia allo spostarsi delle originarie stelle marcatrici. Anche in questo caso, come può giustificarsi questa cosa se non ammettendo una fissità nella corrispondenza tra le costellazioni e i relativi segni?

---

[4] V. il mio libro *I segreti dell'Ottava Sfera. Studio sulle corrispondenze astrologiche tra la sfera delle Stelle Fisse e le cose terrestri*, disponibile presso tutti i rivenditori on-line. Su Amazon è disponibile anche in forma di ebook.

IL VERO MESSAGGIO CELATO DIETRO LE IMMAGINI DEI 36 DECANI

La verità è che tramite i decani gli antichi ci hanno voluto tramandare un messaggio preziosissimo e che va ben al di là della singola immagine. In altre parole, essi ci hanno voluto mostrare il procedimento tramite cui, istante per istante, i Cieli creano i vari eventi della vita terrena, e questo vale sia per le caratteristiche di coloro che nascono in un certo momento, sia per i vari eventi che accadono sul nostro pianeta. Si tratta, infatti, di un processo di costruzione tramite immagini, e queste immagini sono quelle delle costellazioni che si trovano realmente negli angoli, ma anche quelle che corrispondono in tutto o in parte per longitudine a quelle costellazioni zodiacali che portano lo stesso nome dei segni che sono angolari in quel certo momento. Di quest'ultimo punto parleremo meglio tra un po', voglio solo anticiparvi che in questa mia ricostruzione ho fatto riferimento ai paran delle costellazioni zodiacali, e non a quelli degli omonimi segni.

Ma come avviene questo processo di creazione per immagini? Avviene per lo più tramite ibridazione/mescolamento delle immagini celesti che si trovano ai quattro angoli, anche se solitamente vi è prevalenza di quelle che sorgono all'Asc. A questi possono aggiungersi altri effetti, legati in parte a episodi mitici o singoli particolari di essi, in parte all'identificazione di certi asterismi con immagini diverse da quelle canoniche, in base al principio secondo cui il simile attrae il simile: **se una certa cosa somiglia a una certa costellazione anche solo per la sua forma esteriore, è molto probabile che sia stata generata o modellata da essa, e questo legame resta anche se alla costellazione sono stati attribuiti una forma e un nome diversi.**

E questa è un'altra novità di questo mio lavoro: **le immagini di ciascun decano sono spiegate e ricostruite in base ai paran dell'omonima costellazione, e non in base ai paran del segno zodiacale.** I decani, come sappiamo, si riferiscono ai segni zodiacali. Ma, a mio giudizio, le loro immagini sono state elaborate in base ai paran delle omonime costellazioni, e non dei segni. Se infatti si riferissero ai segni, cambierebbero nel tempo in base allo spostarsi delle stelle…quindi queste immagini dei decani che abbiamo ereditato dagli antichi oggi non sarebbero più valide e dovrebbero essere riferite a decani diversi. Ma così non è. Anche in questo caso gli astrologi hanno fissato nell'eclittica un originario dato stellare per renderlo permanente, proprio come è accaduto per i segni zodiacali e per le dimore lunari.

I PROCEDIMENTI DI CREAZIONE DELLE IMMAGINI DEI 36 DECANI

Le brevi note relative alla storia dei decani esposte nelle pagine precedenti devono farci riflettere su alcuni punti: 1) la trasposizione sull'eclittica di fattori "stellari" è sempre stata usata al fine di rendere fisso e permanente qualcosa che altrimenti sarebbe soggetto a cambiare nel tempo o nello spazio, come il sorgere di stelle e costellazioni con determinati gradi dell'eclittica. Le stesse 28 dimore lunari in origine furono stabilite in relazione a certe stelle fisse dette "marcatrici" e poi trasferite sull'eclittica, così da non dover più tener conto del loro spostamento nel tempo in base al variare della posizione delle stelle.

Operazioni di questo tipo si giustificano soltanto sul presupposto dell'esistenza di un legame simpatetico tra segni e costellazioni.

E infatti, come ho spiegato nel mio libro *I segreti dell'ottava Sfera*, in realtà i segni zodiacali corrispondono alle omonime costellazioni non soltanto per il nome: vi è tra costellazioni e segni un preciso rapporto di omologia, tale per cui questi ultimi non sono altro che le omonime costellazioni trasposte sull'eclittica.

2) già anticamente il concetto di "paranatellonta" era usato non soltanto per designare il reale sorgere di alcune costellazioni accanto a certi gradi dell'eclittica, ma anche per designare la loro semplice corrispondenza per longitudine con essi

3) è molto probabile che i paranatellonta in questione furono in origine (o comunque da alcuni autori) considerati non in relazione ai gradi dell'eclittica che compongono un certo segno zodiacale, ma in relazione alle omonime costellazioni, e solo in seguito trasposti sull'eclittica. Questo sempre al fine di renderli permanenti e non soggetti a cambiare in base al tempo e al luogo. Del resto, gli autori antichi usano spesso i termini "segno" e "costellazione" quasi come sinonimi, e spesso si resta in dubbio se quando parlano di Zodiaco si riferiscano alle dodici costellazioni zodiacali o ai dodici segni. Si noti che questo metodo da me suggerito presenta anche il vantaggio di ripristinare un legame tra i decani e la loro origine stellare, risalente all'antico Egitto.

Una volta individuati i paran (sia per longitudine che reali) di una certa costellazione, è possibile stabilire un'omologia tra essi e l'omonimo segno zodiacale. Volendo specificare meglio questi paran, il segno in questione può essere diviso in tre parti da 10° ciascuna (i decani) che dovrebbero corrispondere alle tre parti in cui può essere idealmente divisa la relativa costellazione, anche se – come vedremo – non sempre queste corrispondenze sono rigorose...basti pensare che in alcuni casi un'immagine celeste ritenuta particolarmente rilevante viene riproposta in più di un decano dello stesso segno, sia pure con alcune varianti 4) i vari tipi di paranatellonta possono essere usati anche insieme mescolando così i loro effetti, quindi è comunque bene considerare anche quelli per longitudine, in quanto sono gli unici che possiedono un carattere di universalità

5) ciascuna di queste immagini ci mostra un particolare volto del pianeta che governa il decano, quindi non di rado la stessa natura di questo pianeta (anche in relazione alle dignità o debilità che ha in quel segno) può avere un ruolo nella composizione dell'immagine o del tipo di influsso emanato da quel decano

6) talora spiegare un'immagine solo in base ai paran può essere difficile, in quanto la sua composizione può risentire della confluenza di svariate tradizioni, di alcune costellazioni oggi non più usate, o anche del

riconoscimento visivo di un'immagine diversa da quella canonica in un certo asterismo, così come anche di elementi mitologici associati a certe costellazioni da questa o quella cultura

7) questa varietà non è qualcosa di negativo o arbitrario perché corrisponde all'indefinita molteplicità di fattori celesti che contribuiscono – ciascuno per la sua piccola o grande parte – a generare l'inesauribile varietà delle cose e degli eventi terrestri in base al moto dei cieli.

A questo riguardo non dobbiamo mai dimenticare i versi degli *Astronomica* in cui Manilio afferma che è impossibile per la mente umana di abbracciare tutti questi fattori.

8) tutto questo non ci deve rendere scettici in merito alla validità e all'utilità dei decani, in quanto tramite essi gli antichi ci hanno voluto tramandare un messaggio preziosissimo e che va ben al di là della singola immagine. In altre parole, essi ci hanno voluto mostrare il procedimento tramite cui, istante per istante, i Cieli creano i vari eventi della vita terrena, sia per quanto concerne le caratteristiche di coloro che nascono in un certo momento, sia per quanto concerne i vari eventi che accadono sul nostro pianeta. Si tratta, infatti, di un processo di costruzione tramite immagini, e queste immagini sono quelle delle costellazioni che si trovano realmente negli angoli, ma anche quelle che corrispondono in tutto in parte per longitudine a quelle costellazioni zodiacali che portano lo stesso nome dei segni che sono angolari in quel certo momento.

Come abbiamo accennato prima (e mi scuso se ripeto il concetto), questo processo di creazione per immagini avviene per lo più tramite ibridazione/mescolamento delle immagini celesti che si trovano ai quattro angoli, anche se solitamente vi è prevalenza di quelle che sorgono all'Asc. A questi possono aggiungersi altri effetti, legati in parte a episodi mitici o singoli particolari di essi, in parte all'identificazione di certi asterismi con immagini diverse da quelle canoniche, in base al principio secondo cui il simile attrae il simile: se una certa cosa somiglia a una certa costellazione anche solo per la sua forma esteriore, è molto probabile che sia stata generata o modellata da essa, e questo legame resta anche se alla costellazione sono stati attribuiti una forma e un nome diversi. Un esempio per tutti: la cintura di Orione può ricordare effettivamente una cintura, ma anche per esempio un muro o muraglia…e se andate a verificare il ruolo delle stelle della Cintura di Orione nella carta di evento del crollo del Muro di Berlino, ne avrete una clamorosa conferma.

Questa considerazione deve farci anche riflettere sul fatto che le immagini riconosciute dagli antichi nel cielo stellato non hanno di per sé un valore esclusivo: è ben possibile riconoscere la somiglianza di un certo asterismo con altre cose terrestri, e la mescolanza dovuta alla presenza di vari asterismi ai quattro angoli del cielo genera a sua volta ulteriore varietà. Per esempio la costellazione dell'Orsa Maggiore è stata vista anche come un carro o un mestolo, e sarebbe possibile vederci anche altre cose. E questo carro ai nostri giorni è più facile che trovi modo di manifestarsi in forma di navi o altri grandi mezzi di trasporto…E così via.

Quando studiamo questo processo di creazione per immagini, possiamo partire dalla considerazione delle stelle e costellazioni che sono realmente angolari in un certo orizzonte locale. E se le immagini dei decani sono costruite tenendo conto anche dei paran universali (cioè in base alla longitudine), è evidente l'utilità di tener conto anche di queste immagini, in quanto esse ci aiuteranno a completare il quadro, e quindi a spiegare e descrivere meglio l'evento in questione.

Certo, il collegamento tra l'evento terrestre e queste enigmatiche forme simboliche non sempre è immediatamente evidente. Le cose però cambiano, se consideriamo che l'interpretazione non dev'essere letterale, ma di tipo analogico-estensivo, e questo spiega perché possano coesistere senza scandalo varie serie di immagini dei decani, in tutto o in parte diverse tra loro. Aggiungerò che altre immagini ancora potrebbero essere create, sia per un certo orizzonte locale, sia di tipo universale. Ciascuna di queste può evidenziare particolari aspetti o proprietà di quel decano, alludendo magari più velatamente ad altri che possono essere più specificamente mostrati da altre possibili immagini.

Né bisogna dimenticare che queste immagini si inseriscono in un ben più vasto intreccio di influssi. Basti pensare agli effetti degli aspetti planetari o dell'angolarità di un pianeta, o del transito dei pianeti su una certa stella, costellazione o parte di costellazione.

Nelle seguenti pagine illustrerò una possibile spiegazione del modo in cui sono state costruite in base ai paranatellonta le immagini dei decani presentate nel Picatrix. La mia ricostruzione non ha pretese di assoluta precisione, né di esaustività. **Il mio scopo, infatti, è semplicemente quello di mostrare in che modo avviene il processo di creazione della realtà terrestre tramite immagini celesti. Possiamo infatti affermare che le immagini dei decani sono solo un esempio delle miriadi di infinite immagini che sono prodotte ad ogni istante dal moto dei Cieli. Queste immagini prodotte dall'incessante e sempre mutevole intreccio di pianeti, stelle e costellazioni trovano manifestazione qui sulla Terra nelle cose ed eventi in cui ogni giorno ci imbattiamo.**

Il grande segreto di queste immagini dei decani (al quale si accenna anche nel Picatrix) è proprio questo: il meccanismo del processo di creazione cosmica tramite fusione di immagini celesti che genera la realtà terrestre.

In altre parole, i decani non rappresentano tanto una specifica immagine celeste, quanto l'essenza degli influssi riversati dal Cielo sulla Terra in un certo momento, ragion per cui queste immagini hanno un valore ancor più astratto e simbolico di quelle delle costellazioni, in quanto in maniera più o meno indiretta e simbolica dovrebbe essere possibile ricondurre ad esse tutti gli eventi che accadono al sorgere di quel certo decano…e questi eventi sono ovviamente sempre diversi.

Questa essenza potrebbe essere raffigurata anche in molti altri modi, ed è appunto per questo che nella ricostruzione che segue mi sono preoccupato più di mostrare la dinamica di questo processo di creazione per immagini che di attenermi rigorosamente alle reali considerazioni che possono aver indotto uno o più saggi dell'antichità a riconoscere nei Cieli queste figure. In altre parole, ci interessa più la filosofia – anzi, la Sofia – della filologia.

Una cosa è certa: da quanto abbiamo detto finora risulta molto più chiaro perché secondo il Picatrix la radice dei poteri dell'arte magica risiede proprio nei decani…Se il mago riesce a carpire il loro segreto potere di creazione e a dirigerlo secondo i suoi scopi, potrà ottenere tutto ciò che vuole, o quasi.

Ma vediamo meglio in che modo può avvenire questa composizione di varie immagini celesti in un'unica figura simbolica. In parte ne ho già parlato nel secondo volume del mio libro dedicato alle Stelle Fisse, che ha per titolo *Le immagini celesti. Costellazioni e Stelle Fisse in astrologia*.

Una di queste possibili associazioni è rappresentata dai cosiddetti paranatellonta: le costellazioni extrazodiacali sorgono in corrispondenza del sorgere di certi gradi dello zodiaco, variabili secondo la latitudine del luogo in cui si trova l'osservatore. Ciascuna stella e costellazione è dunque associabile ai gradi e ai segni zodiacali insieme ai quali sorge. Inoltre in quello stesso momento vi saranno altre stelle e costellazioni che culminano, tramontano o anticulminano, e questo rappresenta un altro possibile modo per associarne il simbolismo. Per esempio Ipparco fa notare che quando sorge la costellazione di Argo, l'Ariete transita al meridiano, così come il Serpentario culmina al sorgere del Capricorno.

I dati forniti a questo riguardo da Manilio e da altri autori antichi non sono sempre precisi, anche perché non sempre è chiaro se si riferiscano alla levata, alla culminazione o semplicemente alla longitudine, cioè alla loro proiezione sull'eclittica. Inoltre questi gradi zodiacali variano con il passare del tempo, ragion per cui gli esempi che faremo, essendo tratti da osservazioni di Manilio, Ipparco, Teucro Babilonio e altri autori antichi, non sempre sono oggi ancora valide. Se talora le porto ad esempio è per illustrare i possibili modi in cui stelle, costellazioni e segni zodiacali possono intrecciare molteplici legami tra loro. **Un'altra possibile associazione è basata sui miti relativi alle varie costellazioni.** Per esempio la Nave di Argo può essere associata all'Ariete sulla base del mito del vello d'oro, comune ad entrambe, visto che lo scopo della spedizione degli Argonauti era proprio la conquista del vello d'oro.

Inoltre sia l'Ariete che Argo vinsero il mare attraversando l'Ellesponto. Tanto basta a porre questa regione sotto il governo dell'Ariete[5]. Proprio per questi motivi anche l'Ariete è associato dagli antichi ai viaggi per mare, cosa che, seguendo Teucro Babilonio, può essere dovuta anche alla Coda della Balena. Ecco quindi che il segno (e la costellazione) dell'Ariete sono legati al desiderio di conoscere il mondo, al movimento, ai viaggi e al commercio per mare, e l'attitudine agli scambi commerciali deriva dal fatto che si tratta di un segno equinoziale.

Ma la Nave di Argo può essere identificata anche con la Nave su cui viaggia Osiride secondo gli antichi egizi, dalla qual cosa derivano evidentemente altre possibili associazioni simboliche. Inoltre ovviamente Argo rende i nativi inclini a una vita trascorsa sul mare.

Le costellazioni extrazodiacali si proiettano su un certo arco di eclittica, quindi mescolano il loro influsso anche a quello del segno zodiacale in cui cade la loro proiezione eclittica. Per esempio secondo Manilio Argo si trova nel segno dell'Ariete, cioè nel domicilio di Marte. Ecco quindi che l'influsso marziano si unisce a quello di Argo e porta alla guerra per mare o in terre lontane.

Il legame può intercorrere anche tra due stelle in stretta congiunzione o opposizione tra loro, tenendo presente che secondo alcuni anche

---

[5] La maggior parte di queste osservazioni sono tratte dall'ottimo commento agli *Astronomica* di Manilio presente nell'edizione edita da Fondazione Lorenzo Valla Arnoldo Mondadori Editore, a cura di Simonetta Feraboli, Enrico Flores e Riccardo Scarcia. Si tratta del secondo volume dell'opera.

quadrati e trigoni possono avere una sia pur minore rilevanza. Per esempio ai tempi di Tolomeo l'ultima stella del Timone di Argo era a 29° Gemelli, mentre la longitudine della stella Polluce (beta Geminorum) è stabilita da Tolomeo a 26°40' Gemelli. E questo può essere uno dei motivi per cui questa stella ha natura marziana e crea capi militari e si riteneva che le stelle di Castore e di Polluce portassero soccorso ai naviganti.

Gli effetti di una certa costellazione dipendono anche dal transito in essa di un certo pianeta, cosa che comunque può indurci a riconoscere una certa rilevanza anche agli altri transiti, in particolare all'opposizione e alla quadratura. Quanto alla costellazione di Perseo, Manilio e Firmico Materno concordano nel dire che dona agli uomini velocità e agilità di corpo e di spirito, e anche il loro stesso spirito è sollecitato da vari interessi e non trova riposo per i continui pensieri. Ciò li porta anche a cambiare spesso residenza e a passare da un posto all'altro. Anche in questo caso queste caratteristiche possono essere spiegate in chiave mitologica, visto che Mercurio (il quale è anche il pianeta più veloce) donò a Perseo un paio di calzari alati. Inoltre Teucro colloca Perseo nel secondo decano dell'Ariete, e l'Ariete è un segno a rapida ascensione. Nel mito Perseo salvò Andromeda che era stata legata a una roccia per essere divorata dal mostro marino, e proprio da questo può derivare il legame della costellazione di Perseo con le carceri e i secondini.

Tra astri e costellazioni posti a 180° di distanza (opposizione) esiste una certa complementarietà riconosciuta da tutti gli autori antichi. E questo vale anche per i segni zodiacali. Per esempio gli egiziani associavano l'Idra con il Nilo, e infatti la costellazione era associata a pescatori, gestori di terme e di bagni, giardinieri, scavatori di fonti e altre attività collegate ai luoghi umidi. Manilio e Firmico collegano invece questi stessi effetti al **Cratere**. E simili sono anche gli effetti dell'**Acquario**, essendo opposto al Cratere. L'Aquario (e il Cratere) sono associati anche ai banchetti e al vino, anche per via dell'associazione con Ganimede. Non a caso sulla longitudine del Capricorno, ma in Acquario, Teucro individua in cielo una Vigna.

Anche nei paran vige il principio della complementarietà dell'opposizione, che ritroviamo anche nell'analisi dell'asse Leone-Acquario (il Cratere era posto tra Leone e Vergine): il vino e i banchetti menzionati in Acquario da Teucro sono in linea con gli esiti astrologi che Manilio assegna al Cratere.

A causa della sua vicinanza con l'Idra, il Cratere di Manilio ha molti significati in comune con essa, ma anche con il Cancro: il nativo affiderà la sua fortuna al mare, al trasporto di derrate alimentari, alle speculazioni annonarie, ecc...[6]

Il legame è anche inverso: i segni zodiacali, o alcune loro porzioni, ricevono un certo influsso dalle stelle che corrispondono ad essi per longitudine, o magari perché sorgono con quei gradi. Per esempio Teucro Babilonio fa notare che gli ultimi gradi dell'Ariete sono legati ai cavalli e agli animali in genere, e questo a causa della collocazione di Pegaso.

Ed ecco qualche altra osservazione che illustra meglio il funzionamento di questo complesso meccanismo celeste, per effetto del quale segni, stelle e costellazioni si influenzano a vicenda intrecciando tra loro molteplici richiami e rapporti che difficilmente la mente umana può abbracciare nella loro

---

[6] Tratto sempre dal commento agli *Astronomica* di cui sopra, nella parte relativa alla costellazione dell'Idra.

interezza, specialmente se consideriamo che essi dovrebbero essere estesi non soltanto ai significati letterali, ma anche a quelli simbolici. Tutte queste osservazioni sono tratte dall'ottimo e dettagliato commento al secondo volume degli *Astronomica* di Simonetta Feraboli, Riccardo Scarcia ed Enrico Flores (edito dalla Fondazione Lorenzo Valla/Arnoldo Mondadori editore)[7].
Venendo alla costellazione dell'**Auriga**, sappiamo che uno dei miti ad essa legati è quello di Bellerofonte che cercò di salire fino al concilio degli dèi, ma per punizione fu disarcionato dal cavallo e cadde. Un altro mito è quello di Salmoneo che volle imitare Zeus cercando in terra onori divini, costruendo perfino un ponte nel cielo e per punizione. Ecco perché Firmico Materno afferma che l'Auriga al Disc causa la morte con un fulmine (lo stesso Salmoneo morì in tal modo).

L'Auriga tiene nella sua mano sinistra **i Capretti**, ed ecco cosa dice su di loro Firmico Materno: "Coloro che nascono al sorgere di questa stella da un lato promettono una cosa, dall'altro nascondono i loro pensieri. Hanno un volto severo, un'ampia barba, fronte corrucciata, e sembrano imitare l'apparenza e il carattere di Catone. Ma la loro apparenza inganna, perché sono petulanti, lascivi e sempre coinvolti in desideri depravati e viziosi". Nelle note di commento agli *Astronomica* già citate si fa notare che questa ambiguità e duplicità si addicono ai segni doppi, in particolare al segno dei Gemelli, e infatti i Capretti sono anche identificati con la coppia di gemelli che Amaltea era solita partorire. Ma lascivia e lussuria sono più proprie del segno dell'Ariete, e infatti in Firmico la posizione dei Capretti è posta a 20° Ariete. In altre parole, se da un punto di vista mitologico i Capretti condividono parte del simbolismo dei Gemelli, dal punto di vista zodiacale sono piuttosto legati alla lussuria tipica dell'Ariete.
E ancora: in Plinio leggiamo che la levata delle **Iadi** coincide spesso con tempeste e turbolenze atmosferiche, e secondo Firmico Materno gli effetti sugli uomini sono simili, in quanto queste stelle rendono gli animi sediziosi, turbolenti e nemici della pace e della tranquillità. Le Iadi favoriscono anche i guadagni derivanti da un'attività che crea preoccupazioni agli altri cittadini. E se Manilio le associa soprattutto ai porcai, Teucro ne enfatizza il legame con l'acqua.
Le Pleiadi rappresentano invece le sette figlie di Atlante, e poiché hanno forma di grappolo furono chiamate con la corrispondente parola greca, la quale però significa anche "ricciolo" o "treccia". Ecco perché Firmico associa le Pleiadi alla cura dei capelli.
E poiché a quei tempi le stelle sorgevano nei primi gradi del Toro (domicilio di Venere) esse concernono anche la cura del corpo, l'eleganza, i profumi e i cosmetici. **A questi effetti concorrono anche i termini o confini: essendo i primi gradi del Toro i confini di Venere, questi effetti sono ancor più forti.**
Quanto detto sopra spiega anche l'associazione con i piaceri del vino, della tavola e dell'amore. Ma caratteristiche tipiche del Toro sono anche la lascivia, l'effeminatezza e una certa tendenza all'omosessualità, visto anche che questa costellazione sorge rovesciata. E Firmico ricorda anche la piaggeria e la ricerca dell'ilarità altrui suscitata con la maldicenza.

---

[7] Le note di carattere astronomico e astrologico sono di Simonetta Feraboli. Le citazioni qui riportate sono spesso letterali o quasi.

Sia Manilio che Firmico collocano **la Lepre** a 7° Gemelli, e ovviamente le associano caratteristiche di aglità e mobilità, non solo per l'animale che rappresenta, ma anche perché i Gemelli sono il domicilio del più veloce dei pianeti (Mercurio), e infatti sono tratti tipici anche dell'omonimo dio. Secondo Firmico Materno la lepre in buon aspetto con Marte favorisce i corridori, e se vi è anche un buon aspetto della Luna il nativo potrà divnetare un pugile. Un buon aspetto di Mercurio fa invece i prestigiatori e i giocatori di pallone, mentre Venere contribuisce a creare mimi e attori. Sono ricordati anche lo spettacolo e l'amore per il gioco, che sono tratti caratteristici dei Gemelli.

Come abbiamo già accennato, se una costellazione sorge con certi gradi zodiacali, questi ultimi risentono di quell'influsso. Per esempio Orione era considerato in paran con il Toro per la sua longitudine, ma con il Cancro per i gradi con cui sorge. Diversi dati accomunano Orione al Cancro, basti pensare alla caccia che è comune ad Orione e ad Artemide-Luna, governatrice del Cancro. Del resto secondo alcune versioni del mito Artemide era innamorata di Orione e ne provocò la morte attraverso la puntura dello Scorpione. Alcuni autori antichi infatti affermano che, tramontando quando lo Scorpione sorge, Orione mostra di temere lo scorpione anche in cielo.

La costellazione di Orione è anche legata alla morte, e questo legame deriva per la mitologia egizia dal fatto che la nave di Osiride-Orione trasporta i morti. Inoltre secondo le fonti la costellazione favorisce la morte violenta o tramite combustione, cosa che può essere riferita all'inganno con cui fu ucciso Orione e al tizzone con cui con atto magico fu ucciso Meleagro (personaggio a sua volta legato nel mito ad Artemide).

Il legame tra Orione e l'acquatico Cancro deriva anche dall'accostamento tra la caccia e la pesca; e poiché il mare fornisce cibo prelibato, sulla longitudine di Orione Firmico colloca anche chi è schiavo dei piaceri della tavola.

La Luna-Artemide collega al **Cancro** anche il cacciatore Atteone che fu sbranato dai cani, e infatti questa costellazione favorisce i morsi dei cani, ma questo accade anche perché la proiezione eclittica di Sirio, che è la stella del cane, cade in questo segno.

I SIGNIFICATI OCCULTI DELLE IMMAGINI DEI DECANI

Come potete vedere, la mente dev'essere abile e veloce a passare da un'analogia all'altra, quindi si tratta di un esercizio utilissimo non soltanto per gli astrologi, ma per tutti coloro che sono interessati ad apprendere il ragionamento analogico che serve a cogliere il fittissimo tessuto di richiami, analogie e simpatie che collegano tra loro le varie cose del mondo. Esso dovrebbe essere usato non soltanto per cogliere i rapporti tra le immagini celesti di stelle e costellazioni, ma anche per tutte le altre cose in cui ci imbattiamo nella vita di ogni giorno. È proprio in questo che risiede la vera arte di quei pochi che sono in grado di far funzionare la Magia. I frequenti fallimenti registrati in questo campo non sono ascrivibili alla Magia in sé, ma alla scarsità di talento ed esperienza del mago. E del resto lo stesso vale per l'astrologia…

Sia l'immagine di ciascun decano che i suoi effetti sono solitamente composti dando la prevalenza a eventuali ripetizioni o accumuli di significati o di immagini simili. Se per esempio vi è un paran tra varie costellazioni tutte più o meno direttamente legate all'agricoltura, gli effetti del decano riguarderanno probabilmente queste attività. Se vi è un paran tra varie costellazioni di quadrupedi, è molto probabile che una o più immagini di quadrupedi compaiano anche nell'immagine del decano, tenendo presente che spesso queste immagini sono teriomorfe, cioè si tratta di figure umane con membra o testa di animali, forse anche per tener conto di eventuali costellazioni di forma umana in paran con quelle animali. Anche il governo di un certo pianeta e la sua associazione con quel certo segno può far sentire i suoi effetti: il Toro è già di per sé un segno di Terra che ha a che fare con l'agricoltura, e se per esempio il secondo decano del Toro è associato ad essa è anche perché è un decano della Luna, astro a sua volta legato ai ritmi della natura e ai lavori agricoli.

Questi paran tramite i quali sono state composte le immagini dei decani ci insegnano anche che nei temi natali e nelle carte di evento non contano soltanto le singole stelle strettamente angolari, ma anche le costellazioni o parti di costellazioni che, pur non essendo esattamente all'Asc, appaiono vicine all'orizzonte a un osservatore. Quindi a tal fine è bene che l'astrologo usi sempre anche un programma come *Stellarium*, del quale io stesso mi sono servito per ricostruire il processo di creazione di queste immagini. Solo in questo modo si può avere idea di come effettivamente appare il cielo in un certo momento. Questo perché per esempio una persona che nasce al sorgere di una certa costellazione – per esempio Orione – potrà avere alcune caratteristiche (o incappare in alcuni eventi) che in maniera più o meno letterale o simbolica possono avere a che fare con le caratteristiche astrologiche e/o mitologiche connesse a questa immagine, e questo anche se non vi era una stella di Orione esattamente all'Ascendente.

Come se ciò non bastasse, alcune caratteristiche di una certa costellazione possono essere "assorbite" dal nativo anche se al momento della nascita non vi è angolarità né di una costellazione, né di una sua stella: a tal fine, infatti, può essere sufficiente anche solo il fatto che sul grado ascendente cade la sola proiezione eclittica di una certa stella.

Da quanto detto finora si desume che le varie parti di ciascun segno, nonché i segni stessi nella loro interezza, hanno altri influssi oltre quelli canonici, i quali sono dovuti alle omonime costellazioni e ai loro paran. E questi influssi secondari non sono soggetti a variare nel tempo con il sia pur lento spostamento di stelle e costellazioni. Tener conto di questo può essere molto utile anche nello studio dei temi natali: un certo segno (nonché ciascuno dei tre decani in cui può essere diviso) può avere certe caratteristiche anche a causa delle costellazioni extrazodiacali che corrispondono all'omonima costellazione zodiacale per longitudine. E questo spiegherebbe anche perché la collocazione di certi punti importanti della carta in certi segni e decani produce certe caratteristiche del nativo che non sarebbero del tutto spiegabili in base ad altri fattori.

PARTE SECONDA

I 36 DECANI NEL PICATRIX: LA GENESI ASTROLOGICA DELLE LORO IMMAGINI

In questo tentativo di spiegazione dei meccanismi usati per costruire le immagini dei decani ho tenuto conto sia dei paran reali che di quelli per sola longitudine, e per i paran reali mi sono basato sulla città di Roma. Per avere un'idea più precisa e concreta del cielo reale con tutte le immagini delle costellazioni angolari in un certo momento ho fatto uso del software *Stellarium* che può essere scaricato gratuitamente in rete, e invito anche il lettore a prendere dimestichezza con esso e a usarlo quotidianamente per farsi un'idea del reale aspetto del cielo stellato.

A volte, sia pure solo occasionalmente, nell'ambito dei paran per sola longitudine ho tenuto conto anche delle costellazioni meridionali non completamente visibili dal nostro emisfero, e in alcuni casi non visibili affatto. Già in altra sede ho espresso le mie riserve circa la tesi della totale irrilevanza delle costellazioni non visibili da un certo emisfero.

I TRE DECANI DELL'ARIETE

Primo decano Ariete (decano di Marte)
Un uomo nero vestito di bianco con gli occhi rossi e il corpo grande e agitato, che avanza con un'ascia in mano. È un decano di forza, di altezza e di valore senza modestia.

Paran per longitudine della costellazione dell'Ariete: Cetus, Drago, con Eridano, con i Pesci, con Cefeo, Andromeda, Cassiopea, Triangolo. Paran con la Bilancia al Disc, e ultima parte Corona Boreale (sempre per longitudine). Al Mc c'è paran con Lira, Sagittario, Acquario, Cigno. Al Fc paran con Lince, Orsa, Nave di Argo, Cancro, Cane maggiore e minore.
Paran reali della costellazione dell'Ariete: con l'Ariete sorgono Perseo e il Triangolo (che si trova sopra l'Ariete) e accanto a Perseo potrebbe rappresentare l'ascia. Sorge anche la coda del Pesce meridionale e la corda che tiene insieme i due pesci. L'Acquario è ormai del tutto sorto, ma anche lui potrebbe diventare un uomo con un'ascia in mano. Al Mc troviamo la parte umana del Sagittario, con la freccia che è appena culminata; abbiamo anche lo Scudo, l'Aquila che sta per culminare e la Lira. Tramontano la Vergine e la Bilancia e sta per tramontare anche la Chioma di Berenice. All'orizzonte nord troviamo la Lince, mentre Cefeo è culminato da un po'.

Sembra un'immagine di Cefeo; forse l'ascia è rappresentata dalla stella Polare o da Cassiopea. Essendo un volto di Marte, l'immagine di Cefeo viene trasfigurata in senso marziano nell'immagine del decano.
Da qui forse deriva l'iconografia tradizionale della costellazione di Cefeo:

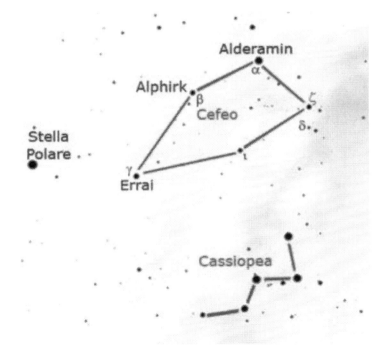

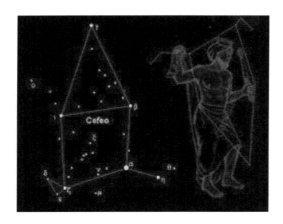

Secondo decano dell'Ariete (governato dal Sole)
Una donna vestita di verde e priva di una gamba. È un decano di nobiltà, elevazione, valore e potere.

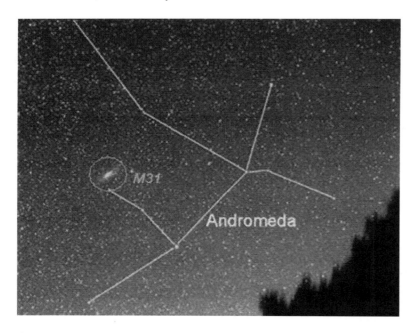

È chiaramente immagine di Andromeda, ed essendo un decano del Sole (che in Ariete è nella sua esaltazione) porta elevazione. Il verde è il colore di Venere, signora del Toro. Si noti come effettivamente l'immagine celeste di Andromeda presenta una delle due gambe molto sollevata e disallineata rispetto all'altra, quindi può anche essere vista come una donna priva di una gamba. Del resto il segno/costellazione dell'Ariete è tradizionalmente considerato "mutilo".
Il paran per longitudine con la Bilancia e la Corona boreale al Discendente può spiegare perché questa donna sia vestita di verde. Si tratta, infatti, del colore di Venere (la Bilancia è il segno di Venere, la Corona boreale ha natura Venere-Mercurio).
In questo caso l'influsso del governatore del decano (il Sole) è evidente nella descrizione degli effetti del decano, ma non nella costruzione dell'immagine in sé stessa. Questo effetto di elevazione può derivare anche dal significato

simbolico della Corona stessa o di Cefeo (che era un re), o anche da quello di alcune costellazioni in paran reale con la costellazione dell'Ariete, in particolare Perseo e l'Aquila.

Terzo decano dell'Ariete (governato da Venere)
Un uomo inquieto vestito di rosso che ha tra le mani un bracciale d'oro, desideroso di fare il bene senza poterlo fare. È un decano di sottigliezza, opere dell'ingegno, cose nuove, strumenti e simili.

Perseo corrisponde per longitudine proprio all'ultima parte della costellazione dell'Ariete, e alle nostre latitudini la sua immagine celeste è ormai del tutto sorta mentre sorge l'ultima parte dell'Ariete. Quindi quest'uomo inquieto vestito di rosso è probabilmente un'immagine alternativa di Perseo e la testa di Medusa che tiene tra le mani si trasforma qui in un bracciale d'oro, forse anche in virtù della Corona boreale che è in paran con Perseo e l'ultima parte della costellazione dell'Ariete (si trova in opposizione ad essi, quindi idealmente al Discendente mentre essi sorgono).
Quest'uomo è vestito di rosso, colore che deriva dal governo di Marte sull'Ariete, dall'indole guerriera, orgogliosa e avventurosa di Perseo, e da altri fattori minori, quale quello con l'Orsa al meridiano (natura Marte) e con l'Aquila che sta per culminare (le cui stelle hanno natura Marte-Saturno).
Si noti che l'inquietudine è un effetto tradizionalmente attribuito alla costellazione di Perseo; per esempio secondo Manilio e Firmico Materno il nativo è preso da vari interessi e non trova riposo per i continui pensieri.
Il desiderio di fare il bene senza poterlo fare deriva forse dal fatto che il decano è governato da un pianeta benefico (Venere) che però in Ariete è nel suo esilio.
Ma è anche un decano di sottigliezza, opere dell'ingegno, cose nuove, strumenti e simili: possiamo collegare tutto questo al paran (v.sopra) con la Bilancia. Manilio, infatti, associa la Bilancia all'impiego di pesi e misure, alle tavole della legge, ma anche al fatto di dare numero, misura e nome alle cose, così da comporle in un sistema ordinato. A questo proposito Manilio ricorda Palamede, personaggio della mitologia greca al quale gli autori antichi attribuiscono una serie di invenzioni che vanno dall'introduzione dell'alfabeto greco a quella di numeri, pesi e misure, e perfino all'invenzione della moneta e della musica.

I TRE DECANI DEL TORO

Primo decano del Toro (governato da Mercurio)
Una donna dai capelli ricci in compagnia del figlio, con entrambi che indossano abiti simili a fuoco. È un decano di lavori agricoli, arare, seminare, lavorare la terra, ma è anche un decano che favorisce le scienze e la geometria.

Paran per longitudine della costellazione del Toro: Perseo, Cefeo, Pleiadi, Cassiopea, Orione, Auriga, Lepre, e agli ultimissimi gradi anche con Via Lattea. Al Disc c'è paran con Bilancia e ultima parte Corona Boreale (sempre per longitudine), Lupo, Serpente, Scorpione, Bilancia. Al Mc c'è paran con Lira, Sagittario, Capricorno, Acquario, Cigno, Pesce australe, Fenice, Delfino, Freccia. All'orizzonte nord e al Fc paran con Orsa Minore, Unicorno, Lince, Orsa Maggiore, Nave di Argo, Cancro, Cane Maggiore e Minore.

Paran reali della costellazione del Toro: all'Asc Auriga con i capretti, Balena, Lince, Scultore, Gru. Al Mc culmina Capricorno e Microscopio. Tramonta Ofiuco, Bootes, Cani da caccia. Al meridiano nord le Orse.

È una immagine dell'ammasso delle Pleiadi. I capelli ricci alludono forse alla forma di grappolo che hanno le Pleiadi. Le Pleiadi hanno forma di grappolo, ed è per questo che furono chiamate con la corrispondente parola greca, la quale però significa anche "ricciolo" o "treccia". Ecco perché Firmico associa le Pleiadi alla cura dei capelli.
 Ma chi è il figlio, in compagnia del quale si troverebbe la nostra donna dai capelli ricci? Possiamo ricordare che tradizionalmente nelle Pleiadi si è sempre riconosciuta anche l'immagine di una chioccia con i suoi pulcini. In effetti le Pleiadi appaiono come un fitto gruppetto di astri molto vicini fra loro, di colore azzurrognolo e dalla forma caratteristica, che ricorda quella di una chiocciola. E infatti "Chioccetta" è uno dei nomi tradizionalmente dati a questo ammasso.
 In alternativa si potrebbe pensare che questo figlio sia l'Auriga che sorge accanto alle Pleiadi, oppure che si sia voluto riconoscere questo figlio nel sottostante ammasso delle Iadi (che però devono ancora sorgere).
Quanto agli effetti del decano, il lavorare la terra è forse legato al fatto che il Toro è un segno/costellazione di Terra, mentre le scienze e geometria sono riconducibili al governo di Mercurio sul decano, o anche al paran con la Bilancia che è al Disc. Manilio, infatti, associa la Bilancia all'impiego di pesi e misure, alle tavole della legge, ma anche al fatto di dare numero, misura e nome alle cose, così da comporle in un sistema ordinato. A questo proposito Manilio ricorda Palamede, personaggio della mitologia greca al quale gli autori antichi attribuiscono una serie di invenzioni che vanno dall'introduzione dell'alfabeto greco a quella di numeri, pesi e misure, e perfino all'invenzione della moneta e della musica.
Lo stesso glifo del segno zodiacale della Bilancia ci fa pensare ai due tipi di energia – attiva e ricettiva – composte in un rapporto armonico. L'equilibrio dei due piatti allude al superamento della dualità, alla via del ritorno all'unità, al non manifestato. Non a caso il segno della Bilancia cade all'equinozio d'autunno, quando la durata del giorno e della notte si equivalgono.

Il vestito di fuoco può essere Antares, che è la brillante dello Scorpione, la quale alle nostre latitudini tramonta proprio mentre sorgono le Pleiadi. Dal punto di vista della pura longitudine, Antares è al Disc quando le Pleiadi stanno per scivolare in dodicesima casa.

E forse vi è anche un riferimento al paran del Toro con Orione, nel qual caso vi sarebbe un'allusione mitologica: sappiamo infatti che la costellazione di Orione favorisce la morte violenta tramite combustione a causa del tizzone con cui fu ucciso Meleagro.

Secondo decano del Toro (governato dalla Luna).
Un uomo simile a un cammello con le unghie simili a quelle delle mucche e che indossa un abito di lino a brandelli. Vuole lavorare la terra, seminare e fabbricare. È un decano di nobiltà e potenza.

L'uomo simile a un cammello potrebbe essere l'Auriga che sorge accanto al Toro con i Capretti in mano (il cammello, appunto). L'abito a brandelli potrebbe essere un riferimento alle Pleiadi o alle Iadi a motivo della loro apparenza frammentata. Ma può riferirsi anche all'umile vestito di un bifolco al lavoro, e quindi a Bootes. E le unghie da mucca potrebbero essere quelle del Toro stesso.

Più in generale, i particolari ferini legati alle unghie e all'aspetto da cammello possono essere suggeriti anche dalla Gru che si approssima al Mc, dal Sagittario che tramonta e dall'Orsa al meridiano e anche dai paran per longitudine con la Lepre e il Lupo.

Quanto agli effetti, la Luna in Toro ha a che fare con lavori agricoli e semina, ed essendo esaltata favorisce nobiltà e potenza.

Ma anche Bootes al Disc spiega l'enfasi sull'agricoltura. E tradizionalmente anche l'Auriga è una costellazione che favorisce l'amore per la vita di campagna.

Terzo decano del Toro (governato da Saturno)
Un uomo di colore rosso con il corpo simile a quello di un elefante, le gambe lunghe e i denti grandi, bianchi e sporgenti. È un decano di povertà, paura e depravazione.

Potrebbe trattarsi di un'immagine di Orione che sorge in paran per longitudine con il Toro. Il corpo così grande e l'abito rosso corrispondono all'indole focosa e alle dimensioni del mitico gigante. Il richiamo all'elefante potrebbe avere a che fare con la presenza dell'Orsa Maggiore al meridiano. Se osserviamo il cielo reale, notiamo l'Orsa Maggiore al meridiano e accanto ad essa la Lince, senza contare il fatto che l'immagine stessa del Toro può ricordare quella di un grosso mammifero, quale è anche l'elefante. Accanto al Toro sorge un altro grande animale, cioè la Balena, e al Mc culmina la costellazione del Capricorno. Quindi il cielo reale potrebbe aver contribuito a suggerire l'immagine di un grande animale come l'elefante, immagine che del resto anche di per sé ben si presta a descrivere un gigante quale era il mitico Orione.

Del resto nell'ultima parte del Toro si trova Aldebaran, stella di natura Marte che certo può aver suggerito "l'abito di colore rosso". In tal modo nell'immagine si potrebbe vedere anche un simbolo di Aldebaran e/o una metamorfosi del volto del Toro, in cui le Iadi potrebbero diventare i denti in evidenza.

Anche in questo caso, una spiegazione non esclude l'altra, in quanto, come sempre accade in astrologia, l'interpretazione o il responso derivano dalla ripetizione o accumulo di certi fattori, più che da un singolo fattore.

Conformemente alla sua natura saturnina, è un decano di povertà, paura e depravazione. Questo è legato alla sua natura saturnina, e la depravazione potrebbe essere legata anche all'influsso delle Iadi.

L'uomo è immagine di Aldebaran e l'elefante può essere Cetus o il Toro stesso, ma anche il Capricorno o il cavallo Pegaso (il che spiega le gambe lunghe e i denti grandi e sporgenti). Il rosso deriva dalla natura Marte di Aldebaran. Può anche essere metamorfosi del volto del Toro, in cui le Iadi diventano i denti in evidenza. Le Iadi possono spiegare anche i caratteri di sfortuna e depravazione. Secondo l'Anonimo, infatti, "spingono coloro che così nascono ad agire scostumatamente non solo verso le donne, ma anche verso i fanciulli e a prendere diletto nei piaceri contro natura e con donne che soggiacciono alla passione e soggette ai flussi ed oscene; quanto alle donne che così nascono, vivono una vita indecorosa o prendono diletto con uomini osceni. Avendo pertanto la mente turbata dall'inalterabile moto degli astri, gli uomini e le donne peccano nelle relazioni per l'impeto delle voglie, trattandosi nei modi più diversi e usando piaceri contro natura".

I TRE DECANI DEI GEMELLI

Primo decano dei Gemelli (governato da Giove)
Una bella donna brava nell'arte del ricamo, e con lei sorgono due vitelli e due cavalli. È un decano di scrittura, calcolo, del dare e dell'avere e delle scienze.

<u>Paran per longitudine della costellazione dei Gemelli:</u> Lince, Orsa minore, Lepre, Orsa maggiore, Nave di Argo, Cane Maggiore e Minore. Al Disc Pavone, Lira, Sagittario, Aquila, Serpente, Antinoo. Al Mc Acquario, Cigno, Fenice, Pesce australe. Al Fc Chioma Berenice, Leone, Idra, Cratere.
<u>Paran reali:</u> Lince, Orsa Maggiore, ultima parte di Orione ed Eridano, al Disc la parte superiore di Ofiuco che tiene il serpente e di Bootes, Cefeo. Cassiopena è da poco culminata, Pegaso è al Mc.

Al meridiano troviamo l'Orsa Maggiore e accanto ad essa la Lince. All'Asc, in paran per longitudine, troviamo la Lepre e il Cane Maggiore e Minore: tanto basta a spiegare le figure di quadrupedi presenti nell'immagine del decano. Forse lo stesso Castore è stato trasformato in una donna che tiene in mano un panno da ricamare (la cetra o lira con cui è tradizionalmente raffigurato), oppure il panno è rappresentato dallo scudo di Orione che sorge con i piedi di Castore, o magari dal bastone che tiene in mano Orione. Ancor più probabile è che, come spesso accade, l'immagine derivi "per cumulo" da tutte queste suggestioni messe insieme.

Gli effetti del decano sono riconducibili alle caratteristiche dei Gemelli, e in particolare alle stelle benefiche di natura Mercurio-Venere che sono nei piedi dei Gemelli (i piedi, e in particolare la stella Tejat, sono la prima parte di Castore che vediamo sorgere). Forse è stata proprio la natura di Venere di queste stelle ad indurre a trasformare in un'immagine femminile le tradizionali immagini maschili di cui sopra.

Secondo decano dei Gemelli (governato da Marte)
Un uomo con il viso simile a quello di un'aquila coperto da una corazza di piombo. Ha il capo coperto con un lino aperto e su di esso un elmo di ferro con sopra una corona di seta. In mano tiene una balestra e delle frecce. È un decano di mali, inganni e afflizione.

Questa immagine ci fornisce un perfetto esempio di composizione creata con le immagini di diverse costellazioni in paran tra loro. Tuttavia in questo caso sembrano prevalere i paran reali, trattandosi di una chiara immagine di Orione che effettivamente sorge insieme ai Gemelli.

Ma alcuni particolari, come per esempio l'aquila, sono spiegabili solo in base ai paran per longitudine, visto che l'Aquila si trova al Disc solo in questo senso, ma in effetti sta per giungervi anche per paran reale.

È dunque una evidente immagine di Orione che realmente sorge. La Corona boreale è sorta da poco. Gli effetti negativi sono dati sia dal governo di Marte che dal mito di Orione (che fu ucciso e che era a sua volta un gigante prepotente). Le frecce sono suggerite dal Sagittario che è al Disc per reale paran e dallo Scudo che tramonta con esso. La corona che ha in testa è spiegabile con la Corona boreale che è al tramonto. La corazza di piombo e l'elmo di ferro derivano probabilmente dalla tradizionale iconografia di un guerriero, tenendo presente che tradizionalmente Orione è raffigurato nell'atto di brandire qualcosa.

Gli effetti malefici del decano derivano dall'influsso di Mebsuta (natura Saturno), dalla stessa stella Polluce (natura Marte) e forse anche dalla natura Marte-saturno dell'Aquila…e ovviamente anche dal governo di Marte.

Terzo decano dei Gemelli (governato dal Sole). *Un uomo che indossa una corazza con balestra, frecce e faretra. È un decano di audacia, onestà, condivisione delle fatiche e consolazioni.*

Vedi quanto detto a proposito del secondo decano dei Gemelli: i paran sono gli stessi e gli effetti migliori sono dovuti al governo del Sole, e probabilmente anche all'influsso delle stelle Castore e Alhena dei Gemelli.

I TRE DECANI DEL CANCRO

Primo decano del Cancro (governato da Venere). *Un uomo con dita e testa contorti e piegati. Ha il corpo simile a quello di un cavallo, i piedi bianchi e il corpo coperto da foglie di fico. È un decano di insegnamento, ingegno, scienza, amore, arti.*

<u>Paran della costellazione del Cancro per longitudine:</u> Nave di Argo, Cane Maggiore e Minore, al Disc Cigno e Delfino, al Mc Cefeo, Pesci, Andromeda. Al Fc Centauro, Corvo.

<u>Paran reali della costellazione del Cancro:</u> Unicorno, Cane minore, Lepre all'Asc; Fenice, Balena, Pesci e Andromeda al meridiano sud; Capricorno, Aquila ed Ercole al Disc; coda dell'Orsa Maggiore e Cassiopea, Cefeo, Chioma di Berenice, Vergine e Centauro al meridiano nord.

Le dita contorte sono le zampe del granchio che stanno sorgendo. L'immagine del corpo simile a quello di un cavallo può essere suggerita dal paran con il Centauro, e forze rinforzata dal paran con altre due figure di quadrupedi quali il Cane Maggiore e il Cane Minore. Oggi possiamo aggiungere che a questo effetto collaborano anche due costellazioni moderne, cioè i Cani da caccia e l'Unicorno che sorgono accanto al Granchio.

Ma che dire delle foglie di fico che coprono questo corpo? Le costellazioni non hanno immagini vegetali e questa mancanza viene talora compensata proprio dalle immagini dei decani.
Va notato che il corpo del granchio con le sue zampe ricorda vagamente le foglie lobate del fico, fermo restando che queste foglie possono anche essere state associate anche a qualche altra immagine celeste. Inoltre il fico è simbolo di fertilità ed era sacro alla dea Hathor, quindi potrebbe ricondursi al governo di Venere.
Le stelle delle pinze del Granchio hanno natura Saturno-Mercurio ed effetti tendenzialmente malefici, quindi gli effetti buoni del decano sono riconducibili più che altro alla sua natura di Venere, pianeta che nei segni d'Acqua ha una certa dignità essenziale, in quanto ne governa la triplicità notturna.

Secondo decano del Cancro (governato da Mercurio)
Una donna dal bel volto, con una corona di mirto verde sulla testa che canta canzoni d'amore e di gioia tenendo in mano un ramo di ninfea. È un decano di giochi, ricchezza, piacere e abbondanza.

Dato il paran con il Cane Maggiore, è molto probabile che si tratti di un'immagine della stella Sirio. Quanto agli effetti positivi dei decano, va notato che le stelle del Cane Maggiore (anche se non Sirio) hanno la natura di Venere. In ogni caso, Sirio stessa è stata identificata con Iside dagli antichi egizi, quindi con la divinità femminile per eccellenza, e questo spiegherebbe anche il suo legame con un'immagine venusiana qual è quella di questo decano.

Il Cane Maggiore, infatti, è in paran per longitudine con il Cancro, anche se nei fatti sorge un po' dopo il Cancro, e comunque più con il terzo decano che con il secondo. Ma, come abbiamo già visto, coloro che hanno elaborato queste immagini non sembrano attribuire troppa importanza alla precisione di queste corrispondenze. Ed è giusto che sia così, visto che esse devono avere un carattere più universale possibile, e non valere solo per un certo orizzonte locale.

La presenza di Adromeda al meridiano sud e della Vergine, della Chioma di Berenice e di Cassiopea al meridiano nord possono aver contribuito a mostrarci questo aspetto benefico di Sirio, nonché questo volto squisitamente femminile di Mercurio.

La ninfea è acquatica, quindi affine al Granchio, e il mirto verde è venusiano.

Terzo decano del Cancro (governato dalla Luna)
Una tartaruga con un serpente in mano, e davanti a lui vi sono catene d'oro. È il decano della corsa, dell'andare a cavallo, della battaglia, della disputa e dell'opposizione.

La tartaruga può alludere innanzitutto al fatto che il Cancro è un segno di lunga ascensione, che è un animale acquatico anch'esso, e che la sua stessa immagine celeste può anche vagamente ricordare quella di una tartaruga.
Ricordiamo inoltre che la lira fu costruita da Hermes con il guscio di una tartaruga, e da lui fu donata ad Apollo. Vi è infatti un paran per longitudine tra la costellazione del Cancro all'Asc e la Lira al Disc, quindi probabilmente l'immagine della tartaruga è stata associata alla Lira tramite questo richiamo mitologico. Da notare anche che la tartaruga, essendo un animale acquatico, si addice bene anche a un decano governato dalla Luna.
La costellazione di Ercole è al Disc, quindi l'immagine del serpente può rappresentare un altro richiamo mitologico, ovvero Ercole che da bambino strozzò i due serpenti mandati da Hera per ucciderlo. Inoltre vi è il reale tramonto della costellazione dell'Aquila, e a questo riguardo non possiamo non ricordare la tradizione iconografica che rappresenta l'aquila con un serpente nel becco. Del resto il Serpente potrebbe anche rappresentare la vera e propria costellazione del Serpente o quella del Drago, essendo entrambi nei pressi del meridiano nord. Inoltre poco sotto il Granchio sorge la testa dell'Idra. Come sempre, è probabile che l'immagine del serpente sia scaturita proprio da questo accumulo di fattori, più che da uno solo di essi.
E quanto alle catene d'oro, potrebbe trattarsi della corda che tiene legati i due pesci, la quale culmina mentre sorge l'ultima parte della costellazione del Cancro.

Accanto al Granchio sorgono l'Unicorno e il Cane Minore, e inizia a sorgere anche il Cane Maggiore. Sono tutti animali che corrono, e tra l'altro, con un po' di fantasia, anche nel Cane Minore e Maggiore si potrebbe vedere una figura equina. Questo spiega perché si tratta di un decano "di corsa e dell'andare a cavallo".
Inoltre è un decano "della battaglia, della disputa e dell'opposizione", e a questo riguardo potremmo ricordare anche la natura astrologica dell'Asellus borealis e australis. L'Asinello del Nord, infatti, conferisce doti di pazienza, beneficenza e coraggio e rende i nativi eroici, favorendo in tal modo

l'assunzione di posizioni di comando. Secondo Ebertin i nativi hanno una natura aggressiva e talora sprezzante del pericolo, quindi possono anche mettere a rischio la loro vita o usare mezzi brutali o violenti. Il sorgere di queste stelle potrebbe anche portare pericoli derivanti da animali di grandi dimensioni come cavalli o tori.

A questo punto potremmo chiederci: perché l'immagine della tartaruga, e non per esempio quella dell'asino? Forse perché, trattandosi di paranatellonta, non si volevano ripetere le immagini di stelle e costellazioni zodiacali, bensì arricchirle con altre suggestioni; le quali, come abbiamo visto, possono essere basate su vari tipi di analogie.

Abbiamo così anche la conferma che l'influsso di un decano può essere dovuto, in tutto o in parte, anche alle stelle importanti che si trovano negli angoli.

I TRE DECANI DEL LEONE

Primo decano del Leone (governato da Saturno)
Un uomo vestito poveramente, e con lui un signore simile a un orso o a un cane che guarda un cavallo verso nord. È un decano di forza, generosità e vittoria.

<u>Paran per longitudine della costellazione del Leone:</u> Nave di Argo, Idra, Cratere, al Mc Toro, Perseo, Eridano, al Disc Aquario, Capricorno, Cigno. Altro meridiano: Giraffa, Orsa Minore, Drago, Bootes, Bilancia, Lupo (che sembra afferrato dal Centauro).

<u>Paran reali della costellazione del Leone:</u> Poco sopra e a nord del Leone sono visibili il Leone Minore e l'Orsa Maggiore. A sud sorge invece il Cane Maggiore. Al meridiano nord, Bootes e il Centauro che afferra il Lupo.

Non mancano quindi i quadrupedi che dovrebbero rappresentare l'orso, il cane e il cavallo presenti nell'immagine. Si noti come l'orso/cane sono antropomorfizzati (diventano "un uomo simile a un orso o cane", come spesso avviene nelle immagini dei decani). Del resto al Fc c'è il Centauro (uomo dal corpo di cavallo che qui potrebbe essere diventato l'uomo simile a un orso o a un cane) e davanti a lui c'è un'altra figura di quadrupede, cioè il Lupo.
L'essere vestito poveramente deriva forse dalla natura di Saturno del decano (anche perché Saturno in Leone è in esilio), da Bootes (il Bifolco astrale) che si trova al meridiano nord, oppure dal fatto che il Leone è composto da stelle poco luminose. Ma a tutti e tre i decani del Leone sono associate le positive caratteristiche solari tipiche dell'omonimo segno. E del resto la cosa può essere dovuta anche all'influsso della stella Regulus, la quale è di gran lunga la più luminosa della costellazione. E forse anche alla culminazione di Perseo…

Secondo decano del Leone (governato da Giove)
Un uomo con una corona di mirto sul capo e in mano una balestra. È il decano della bellezza, del cavalcare, dell'elevazione di persone sconosciute, di battaglia e spade sguainate.

Può riferirsi a Bootes che è al meridiano e che sembra tenere in mano qualcosa (che potrebbe anche essere una balestra). Ma può anche riferirsi al paran per longitudine con Perseo al Mc e con la Corona boreale al Fc. Il mirto è una pianta di Venere e la corona di mirto era simbolo di vittoria e serviva per incoronare i vincitori. E in effetti ciò è in linea con gli effetti del decano, desunti dall'associazione tra il simbolo guerriero e regale del Leone e l'uomo con la balestra: vittorie in battaglia. Ma soprattutto può riferirsi alla stella Regulus ("il piccolo re") che si trova in questa seconda parte della costellazione del Leone. E sicuramente anche il governo di Giove contribuisce a questi effetti positivi.

Terzo decano del Leone (governato da Marte)
Un uomo vecchio, nero e deforme, che ha in mano frutta e carne e in mano un boccale di rame. È il decano dell'amore, del bene, dei cibi e della salute.

Il boccale può essere riferito all'urna tenuta in mano dall'Acquario che sta per tramontare ad ovest. Con un po' di fantasia si potrebbe immaginare che nell'altra sua mano l'Acquario tenga frutta e carni. Ma a questo può aver contribuito anche il paran con la costellazione del Cratere che si trova per longitudine all'Asc con quella del Leone.

L'Acquario, Perseo e Bootes sono tutte figure umane in cui può essere stato riconosciuto dagli antichi l'uomo vecchio, nero e deforme di cui parla l'immagine del decano. E questa trasfigurazione "degradante" può essere dovuta all'influsso delle stelle che si trovano nell'ultima parte della costellazione del Leone, e cioè nella coda. Queste stelle, infatti, hanno natura Saturno-Venere.

Tuttavia gli effetti sono positivi anche in questo caso, e poco sembra incidere anche il governo di Marte sul decano. Forse si immagina che quest'uomo offre il cibo ad altre persone, e questo spiega perché si tratta del decano dell'amore, del bene, dei cibi e della salute. Del resto viene spontaneo associare significati positivi all'immagine di un vassoio pieno di cibo. A questo può aver contribuito anche il paran con la benefica costellazione della Corona Boreale (natura Venere-Mercurio).

I TRE DECANI DELLA VERGINE

Primo decano della Vergine (governato dal Sole)
Una fanciulla vergine coperta da un vecchio drappo di lana che tiene in mano una melagrana. È un decano di semina, aratura, germogliare degli alberi, vendemmia, vita buona.

Questa immagine è una evidente raffigurazione alternativa della costellazione della Vergine in generale, e di Spica in particolare (la melagrana tenuta in mano dalla fanciulla). Si noti che Spica dovrebbe appartenere alla seconda parte della costellazione, e questo conferma ciò che più volte abbiamo già notato, e cioè che le immagini dei decani non sono sempre rigorose circa la corrispondenza con le tre parti in cui può essere idealmente divisa una costellazione. Questo forse anche perché quando una costellazione contiene stelle brillanti dal forte ed evidente influsso, esse possono diventare rappresentative dell'intera costellazione, e quindi le loro immagini ed effetti possono essere attribuiti anche a un altro decano.
Gli effetti prettamente "agricoli" attribuiti al decano sono quelli associabili al segno di Terra della Vergine. Il governo del Sole, dal cui ciclo dipendono i ritmi dell'agricoltura, non fa che confermare il tutto.

Secondo decano della Vergine (governato da Venere)
Un uomo dal bel colorito vestito di cuoio, e con sopra un altro vestito di ferro. È un decano di richieste, desideri, guadagni, tributo, rifiuto dei doveri.

Paran per longitudine della costellazione della Vergine: c'è paran per longitudine con Bootes, Centauro e Cratere all'Asc. Anzi, Bootes sorge anche effettivamente insieme alla Vergine ed è visibile proprio accanto ad essa.

Paran reali della costellazione della Vergine: All'Asc Bootes, Cratere, a nord troviamo Cigno e Lince, al Fc Volpetta, Aquila, Scudo, Sagittario. Al Mc Gemelli, Cane Maggiore e Minore, Unicorno. Al reale tramonto c'è la Balena. Anche l'Auriga e Orione transitano al meridiano durante il sorgere della costellazione della Vergine.

Quindi alla composizione di questa figura maschile con un vestito di cuoio e anche un'armatura di ferro, possono aver contribuito varie costellazioni di immagini maschili: Bootes, Centauro, i Gemelli (anch'essi guerrieri), il Sagittario, l'Auriga e Orione.
Esse ci mostrano tuttavia un volto di Venere (pianeta femminile) in Vergine (segno della caduta di Venere), e questo spiega in parte gli effetti ambigui del decano (non propriamente positivi, né negativi). Fatta eccezione per i "guadagni", infatti, sembra esserci più tensione (in positivo o in negativo) verso qualcosa, e non una reale acquisizione.

Terzo decano della Vergine (governato da Mercurio)

Un uomo bianco di grande corporatura e avvolto in un drappo bianco. Con lui sorge una donna che tiene in mano l'olio nero dell'uomo. È un decano di debolezza, vecchiaia, malattia, pigrizia, rovina del corpo, distruzione del popolo.

Quest'uomo vestito di bianco e di grande corporatura insieme all'immagine femminile descritta nell'immagine del decano ci fa pensare alla coppia Iside/Osiride, visto che alla Vergine è stata spesso associata la dea Iside e che gli antichi egizi associavano Osiride all'immagine celeste di Orione. Abbiamo visto, infatti, che Orione culmina quando sorge la prima parte della costellazione della Vergine.

Mercurio in Vergine è nel suo domicilio/esaltazione, quindi è difficile spiegare gli effetti negativi di questo decano, se non in base alla natura Mercurio-Marte delle ultime stelle della Vergine e al richiamo stesso del mito di Osiride (che fu ucciso e smembrato da Seth). Ma vi può essere anche il contributo delle malefiche stelle del Cancro che culminano al Mc e dell'Orsa Maggiore e della Lince e dell'Aquila che sono in paran.

I TRE DECANI DELLA BILANCIA

Primo decano della Bilancia (governato dalla Luna)
Un uomo con una lancia nella mano destra e nella sinistra un uccello attaccato per le zampe. È un decano di giustizia, verità, giudizi corretti, e a favorisce il bene dei poveri e atti di giustizia a favore del popolo e dei deboli.

Paran per longitudine della costellazione della Bilancia: Ercole, Lupo, Corona boreale, Croce, Serpente. Al Disc Cefeo, Fornace, Andromeda, Ariete, Cassiopea, Toro, Triangolo, Perseo. Al Mc Idra, Sestante, Leone, Zampa Orsa Maggiore, Cefeo. Al Fc Lucertola, Pegaso e le sue zampe, Acquario, Pesce australe, Gru.

Paran reali della costellazione della Bilancia: Centauro, Cigno, Lira, Volpetta, Aquila, Ofiuco e Serpente. Al tramonto poppa della Nave di Argo, Cane Maggiore, Orione, zampe dell'Unicorno, Perseo con in mano la testa di Medusa. Al meridiano Cefeo.

Con la prima parte della costellazione della Bilancia sorge effettivamente la parte superiore della costellazione del Centauro, cioè appunto la mano che impugna la lancia. Dal punto di vista dei paran reali, l'uccello attaccato per le zampe che l'uomo tiene nell'altra mano può essere un riferimento all'Aquila che sorge anch'essa, ma può anche derivare dall'identificazione della Bilancia stessa con un uccello, in quanto da un lato essa sorge proprio accanto al Centauro, dall'altro l'immagine principale che essa offre allo sguardo è quella di una sorta di rombo formato dalle sue quattro stelle più luminose: Zubenehamali potrebbe essere la testa dell'uccello, la sigma della costellazione la sua coda, la gamma e Zubenelgenubi le ali. Del resto, essendo un segno d'Aria, la Bilancia ha un certo legame con i volatili. Ma l'immagine dell'uccello può essere suggerita dal Cigno che si trova anch'esso all'Asc. Si potrebbe perfino ipotizzare che lo specifico riferimento alle zampe, potrebbe essere stato suggerito dall'angolarità della zampa dell'Orsa Maggiore (al Mc), delle zampe di Pegaso (al Fc) e dell'Unicorno (al Disc). Vi è poi anche il sorgere dell'Ofiuco con il Serpente in mano, e non possiamo escludere che anche questa immagine possa aver contribuito a suggerire quella di un uomo che tiene qualcosa in ciascuna delle due mani. D'altro canto, anche l'altro braccio del Centauro è teso verso qualcos'altro, cioè verso il Lupo dell'omonima costellazione: anche questa immagine, dato il concorso delle altre appena citate, potrebbe essere stata trasformata, con un po' di fantasia, in quella di un uccello. Né possiamo dimenticare Orione che tramonta brandendo in mano qualcosa con il braccio sollevato.
Gli effetti del decano sono quelli tipicamente associati al concetto di giustizia proprio della Bilancia. Del resto, se ammettiamo che quest'uomo sia il Centauro e consideriamo la sua tradizionale identificazione con Chirone, dobbiamo ricordare che Chirone era un centauro saggio e colto, alla cui scuola i principi ricevevano una buona istruzione. Chirone era anche un bravo cacciatore, e questo spiega perché tiene nelle mani una lancia e un uccello. Va anche notato che si tratta di un volto della Luna e che Artemide era dea lunare della caccia.

Secondo decano della Bilancia (governato da Saturno)
Un uomo nero, diretto verso la sposa e la gioia. È un decano di pace, gioia, abbondanza e buona vita.

Si tratta di un volto di Saturno, e questo spiega perché l'uomo sia nero. L'immagine festosa e gli effetti positivi del decano sono riconducibili all'esaltazione di Saturno in Bilancia. L'uomo può essere identificato in una delle figure maschili di cui sopra. Difficile dire se vi sia anche una precisa identificazione della sposa con un'immagine femminile, che peraltro potrebbe derivare da una diversa interpretazione di un asterismo di quelli conosciuti, nel quale si è voluto vedere una donna. A questo riguardo possiamo notare che Andromeda e Cassiopea nella loro pura longitudine si trovano al Disc. Del resto il Cigno (che realmente sorge) e la Lira di Orfeo (che è sorta da poco) sono costellazioni di natura Venere-Mercurio, così come lo è anche la Corona Boreale che nella sua pura longitudine si trova all'Asc.
Gli effetti benefici di questo decano ci portano ad associarlo con la stella Zuben Eshamali (natura Giove-Mercurio).

Terzo decano della Bilancia (governato da Giove)
Un uomo che cavalca un asino, e davanti a lui c'è un lupo. È un decano di azioni cattive, sodomia, adulterio, musici, gioie e sapori.

L'uomo è il Centauro e il lupo è quello da lui sacrificato nel relativo mito e rappresentato nell'omonima costellazione. Del resto anche per longitudine la costellazione del Lupo è parzialmente sovrapponibile a quella della Bilancia e del Centauro.
Le azioni cattive e potrebbero essere associate alla ferocia del lupo (ma anche al paran con il Serpente e con l'Idra che è al Mc), la sodomia alla lascivia del Toro che sta tramontando e che era associato anche all'omosessualità, in quanto sorge rovesciato. Inoltre si noti che insieme all'ultima parte della Bilancia sorgono anche la prima dello Scorpione e l'Aquila con le loro stelle malefiche...
In questo modo il primo decano della Bilancia ci mostra l'essenza della costellazione, cioè la Giustizia intesa come equilibrio tra due poli opposti (rappresentato dalla dea greca Themis). Il secondo decano ci mostra il polo positivo, il terzo quello negativo.

I TRE DECANI DELLO SCORPIONE

Primo decano dello Scorpione (governato da Marte)
Un uomo con una lancia nella mano destra e nella sinistra una testa umana. È un decano di tristezza, cattiva volontà, inamicizia.

Paran per longitudine della costellazione dello Scorpione: Ara e Ofiuco. Al Dc Cassiopea, Toro, Perseo, Orione, Auriga, Lepre.

Paran reali: L'Auriga tramonta accanto a Perseo, ai Gemelli e al Cane Minore, e anche L'Idra sta tramontando. Al meridiano Pesci, Cetus, Andromeda (tutti al Fc), Cassiopea, la Coda dell'Orsa, Bootes sta per culminare, i Cani da caccia e la Chioma di Berenice sono appena culminati, e al Mc c'è anche la Vergine e la parte superiore del Centauro.
Sorgono Delfino, Pegaso, Aquila, Scudo, Ofiuco.

È una variante dell'immagine rappresentata nel primo decano della Bilancia, ma stavolta l'uccello è diventato una testa umana. Si tratta di un evidente riferimento ad Algol che sta tramontando. L'uomo può essere lo stesso Perseo, eventualmente con il concorso del Centauro, sempre visibile nei pressi dell'orizzonte sud-est (questo sempre in virtù del processo di composizione delle immagini tramite somma di elementi tratti da costellazioni diverse).
Tutti i tre decani dello Scorpione hanno effetti malefici, che in questo caso sono ribaditi dal governo di Marte e dalla natura stessa dell'immagine. Probabilmente la cosa è legata anche all'influsso delle stelle della parte anteriore dello Scorpione, le quali hanno natura Marte-Saturno.

Secondo decano dello Scorpione (governato dal Sole)
Un uomo a cavallo di un cammello che tiene in mano uno scorpione. È un decano di scienza, di modestia e del parlar male degli altri.

L'uomo a cavallo di un cammello potrebbe essere l'Ofiuco stesso (il serpente che tiene in mano potrebbe diventare un cammello e la sua immagine, ormai completamente sorta, incombe su quella dello Scorpione). Se così fosse, anche in tal caso conterebbe più la realtà visuale che il preciso sorgere astronomico concomitante. Del resto l'Ofiuco e il Serpente sono comunque in paran per longitudine, e così anche un altro quadrupede come il lupo.
Ma il cammello potrebbe essere legato anche al sorgere delle gambe di Pegaso, il cavallo alato, in cui si trova la stella Sadalbari, che un astronomo arabo chiama con una parola che significa "la buona fortuna del cammello che cerca di arrivare al pascolo". Né va dimenticato che al Disc vi è la proiezione eclittica di altri due quadrupedi, cioè il Toro e la Lepre.
Il governo del Sole dona a questo decano anche alcuni effetti positivi, ma il simbolismo scorpionico si fa sentire sul "parlar male degli altri". Ciò è dovuto anche alle stelle della parte centrale dello Scorpione, le quali, così come Antares, hanno natura Marte-Giove.

Resta il fatto che le stelle della parte centrale dello Scorpione sono un po' meno univocamente malefiche delle altre della costellazione.

Terzo decano dello Scorpione (governato da Venere)
Un cavallo e una lepre. È un decano di cattive azioni, sapori, violenza che si compie sulle donne.

Il cavallo è Pegaso, e forse anche quello del Sagittario che inizia a sorgere, anche perché al Disc vi è la proiezione eclittica della Lepre. La lepre è da sempre un simbolo di lascivia e di facili accoppiamenti, ma la "violenza che si compie sulle donne" può essere spiegata solo se consideriamo il simbolismo malefico/sessuale della Coda dello Scorpione (le cui stelle hanno natura Saturno-Venere) e del suo Pungiglione (le cui stelle hanno natura Mercurio-Marte).
Si tenga anche presente che anche la costellazione di Andromeda al Fc può aver contribuito a questi effetti. Del resto Pegaso era il cavallo sul quale Perseo si trovava quando liberò Andromeda (che era stata legata a uno scoglio) dal mostro marino che stava per divorarla. Non si trattava di violenza sessuale, ma era comunque una violenza compiuta su una donna.
Il fatto poi che si tratta di un decano di Venere, pianeta che ha il suo esilio nello Scorpione, non fa che confermare questi significati.

I TRE DECANI DEL SAGITTARIO

Primo decano del Sagittario (governato da Mercurio)
Un corpo giallo, uno bianco e uno rosso. È un decano di calore, liberazione, frutti dei campi, sostenere e separare.

<u>Paran per longitudine della costellazione del Sagittario:</u> Lira, Corona australe, Pavone, Ara, Aquila, Capricorno. Al Disc Orione, Auriga, Unicorno, Lepre, Orse, Lince, Nave di Argo, Cancro, Cane Maggiore, Cane Minore, Gemelli.

<u>Paran reali:</u> Coda Scorpione, Andromeda, Pegaso, Acquario e Capricorno all'Asc. Lupo, Perseo, Giraffa, Orso e Drago, Scorpione, Serpente/Ofiuco, Ercole, Toro al meridiano; Idra, Corvo, Cancro e Leone al Disc;

L'unica possibile spiegazione dei tre colori dei corpi descritti nell'immagine consiste nel fare riferimento al colore reale o simbolico (cioè legato alla loro natura planetaria) delle stelle appartenenti alle costellazioni angolari in paran con il sorgere della costellazione del Sagittario. Per esempio alle stelle della coda dello Scorpione o a quelle dell'Aquila o del Lupo (tutte stelle che hanno anche la natura di Marte) può essere assegnato il colore rosso (anche se non sono effettivamente rosse). Ad Alpheratz (Andromeda, natura Venere) il bianco, tenendo presente che anche Regulus (Leone) ha un colore bianco-azzurro. Quanto al giallo, hanno questo colore alcune stelle dell'Aquario come Sadalmelik e Sadalsuud. Ma sono solo alcuni esempi indicativi; per esempio Dabih (Capricorno) che è nei pressi dell'Asc è una stella di colore arancione brillante; eta Scorpius (che sorge con la prima parte del Sagittario) è una stella bianco-gialla; e poi ci sono Kaus australis e Borealis che sono stelle bianco-azzurre.

L'immagine del decano è interessante perché ci offre un esempio di come i colori delle stelle in paranatellonta possono contribuire a determinare caratteristiche e colori delle immagini dei decani.

Del resto si tratta di un decano governato da Mercurio, pianeta che governa le cose di vari colori. Gli effetti benefici sono probabilmente dovuti alle stelle di natura Giove-Marte che si trovano nell'arco del Sagittario, e cioè Kaus australis, Kaus media, Kaus borealis. Secondo Manilio, il Sagittario fa i conquistatori e i condottieri, il che ben spiega gli effetti di "calore e liberazione" attribuiti a questo decano. Inoltre il concetto di liberazione può essere legato all'angolarità delle immagini di Andromeda e Pegaso e ai relativi miti; ma si può congetturare anche su una liberazione dalle grinfie dello Scorpione che sembra venire dal Sagittario stesso in atto di scoccare la sua freccia verso di lui.

Il "sostenere e separare" sono forse legati alla duplice natura Giove/Marte delle stelle dell'arco del Sagittario.

Secondo decano del Sagittario (governato dalla Luna)
Un uomo che conduce mucche, e davanti a lui una scimmia e un orso. È un decano di paura, lamento, lutto, dolore, miseria e inquietudine.

Iniziamo con il dire che il Sagittario stesso è una figura mista uomo/quadrupede e che, se consideriamo i vari tipi di paranatellonta (reali e per longitudine), le immagini di quadrupedi abbondano: le Orse, il Cane maggiore e il Cane minore, Pegaso, il Leone, il Lupo, il Toro (che è al Fc).

Gli effetti nefativi potrebbero essere dovuti all'associazione di questo decano con la nefasta nebula Facies, la quale si trova davanti al volto dell'Arciere e ha natura Sole-Marte; e forse anche al paran con alcune costellazioni malefiche di cui sopra.

Terzo decano del Sagittario (governato da Saturno)

Un uomo con un cappello che uccide un'altra persona. È un decano di pensieri cattivi, avversità, cattive intenzioni, inimicizia, azioni malvage.

Questa immagine sembra il frutto della combinazione tra il Sagittario che sorge prendendo la mira con la sua freccia e Perseo che si trova nei pressi del meridiano con in mano la testa di Medusa e sembra incombere sull'Auriga come se volesse aggredirlo. Si noti che Perseo è spesso raffigurato con un elmo in testa e che comunque il cappello di cui parla l'immagine potrebbe essere anche la Corona boreale che è nei pressi del Mc.

Gli effetti negativi sono facilmente spiegabili se si considera che si tratta di un volto di Saturno.

I TRE DECANI DEL CAPRICORNO

Primo decano del Capricorno (governato da Giove)
Un uomo che tiene nella mano destra una rondine e nella sinistra un'upupa. È un decano di gioia, e del fare affari qua' e la' con pigrizia, debolezza e cattive intenzioni.

<u>Paran per longitudine della costellazione del Capricorno:</u> Sagittario, Acquario, Lira, Cigno, Delfino. Al Disc Unicorno, Lepre, Orse, Lince, Argo, Cancro, Leone, Idra.

<u>Paran reali della costellazione del Capricorno:</u> Capricorno, Acquario, Pegaso, Andromeda. Al meridiano Perseo, Giraffa, al Fc Toro, Eridano. Al Mc Lupo, Scorpione, Serpente, Corona boreale.

Le immagini di volatili si giustificano se consideriamo che dal punto di vista della proiezione eclittica sorgono il Cigno e la Lira (costellazione che era tradizionalmente identificata anche con una vulture). L'upupa ha un becco lungo e affilato che pare quasi il corno del Capricorno che sorge in quel momento. Vi è inoltre il reale tramonto del Corvo. La figura umana potrebbe essere l'Acquario che sorge proprio ad est del Capricorno. Si noti che anche l'Acquario tiene qualcosa nelle mani…ma questo qualcosa è idealmente completato tramite immagini tratte da altre costellazioni, seguendo un procedimento tipicamente usato nella creazione di queste immagini dei decani.

Il decano ha effetti misti, in quanto è governato da un pianeta benefico come Giove, il quale però ha nel Capricorno la sua caduta (affari si, ma con pigrizia, debolezza e cattive intenzioni). Del resto sono effetti che ben si addicono alle stelle di natura Venere-Marte (corna Capricorno) e Saturno-Venere (bocca Capricorno). Dabih per esempio favorisce malinconia.

Alcuni di questi effetti possono essere associati anche alla natura errabonda degli uccelli.

Secondo decano del Capricorno (governato da Marte)
Un uomo dietro una mezza scimmia. È un decano di cose impossibili da ottenere.

Poiché si tratta di una "mezza scimmia", l'ipotesi più probabile è che sia da identificare con il Capricorno (che è sorto solo a metà) o con il Leone (che è tramontato solo a metà). Del resto la figura umana dell'Acquario si trova proprio accanto al Capricorno… Le Orse ovviamente non tramontano mai, ma il fatto che la loro proiezione eclittica si trova in corrispondenza del Discendente potrebbe suggerire una loro possibile identificazione con una scimmia.

È un decano di cose impossibili da ottenere, anche se nella Magia astrologica questo significa che questo decano può essere usato proprio per ottenere cose che altrimenti sarebbero impossibili.

Il paran con il sorgere per longitudine della Lira e del Cigno può indicare, tramite allusioni mitologiche a Orfeo (che voleva riportare la sua Euridice fuori dal regno dei morti) e a Zeus (che si travestitiva da cigno per sedurre donne "impossibili"), queste cose impossibili da ottenere.

Terzo decano del Capricorno (governato dal Sole)
Un uomo con un libro che apre e chiude, e davanti a lui la coda di un pesce. È un decano di ricchezza, di accumulo di danaro e di affari che tendono a buoni scopi.

L'uomo in questione potrebbe essere l'Acquario, visto che ai suoi due lati sorgono la coda di pesce del Capricorno e la testa del Pesce. Il libro è probabilmente l'urna tenuta in mano dall'Acquario, e questa immagine è stata forse suggerita dalla forma dell'asterismo e dal fatto che le sue tenui stelline possono ricordare i piccoli e fitti caratteri di una pagina scritta. Né va dimenticata la presenza di Orione al Fc: anche lui tiene in mano qualcosa che solitamente viene identificata con un trofeo di caccia.
Le stelle della coda del Capricorno (in particolare Deneb Algedi e Nashira) hanno natura Saturno-Giove ed erano chiamate dagli arabi con nomi che significano "la fortunata" o "la portatrice di buone notizie". Inoltre al meridiano nord troviamo una stella benefica come Capella. Tutto questo unitamente al governo del Sole ha sicuramente contribuito all'attribuzione di effetti benefici a questo decano.

I TRE DECANI DELL'ACQUARIO

Primo decano dell'Acquario (governato da Venere)
Un uomo decapitato che tiene in mano un pavone. È un decano di miseria, povertà e schiavitù.

<u>Paran per longitudine della costellazione dell'Acquario:</u> Capricorno, Cigno, Delfino, Cavallino, Fenice, Gru, Pesce australe, Cetus, Pegaso, Eridano, Pesci, Cefeo.

<u>Paran reali della costellazione dell'Acquario:</u> Capricorno, Pesci, Andromeda, Pegaso, Perseo. Al meridiano la Giraffa, al Fc l'Auriga con la Capretta, le Corna del Toro, Orione, la Lepre, la Colomba.

Quanto all'uomo decapitato, Perseo è appena transitato al meridiano nord con la testa di Medusa in mano. Quanto al pavone, si considerino i paran per longitudine con il Cigno (e volendo considerare anche le costellazioni meridionali, anche con la Fenice e la Gru). Quanto ai paran reali, vi è il Corvo che sta tramontando e la Colomba al Fc.
Nonostante sia un volto di Venere, qiesto decano ha effetti negativi, forse a causa della natura malefica della testa di Medusa, della natura di Saturno delle stelle dell'Acquario e di quelle del Leone, del Corvo e delle pinze del Granchio che sono al tramonto, di Antares e delle stelle del Serpoente/Ofiuco al Mc. Questo insieme di stelle e asterismi malefici ai quattro angoli del cielo ha prevalso sulla natura di Venere del decano.

Secondo decano dell'Acquario (governato da Mercurio)
Un uomo simile a un re, che ha grande stima di sé e disprezza chi vede. È un decano di bellezza, posizione, ottenere ciò che si desidera, del compimento, ma anche di perdita e debolezza.

Potrebbe indicare Regolo ("la stella dei re") che sta tramontando. Questa stella, infatti, può portare grande prestigio e posizioni di comando; ma, come sempre accade con le stelle fisse, i beni così ottenuti possono rapidamente essere persi e trasformarsi in cadute e perdite. Ma l'immagine di bellezza e posizione potrebbe essere confermata anche da Orione che è al Fc e che era effettivamente un gigante prepotente e gradasso. Del resto Perseo è appena culminato al Mc e il suo cavallo Pegaso sorge accanto all'Acquario. tutto questo aggiungiamo che l'Acquario stesso viene spesso identificato con Ganimede, un giovane dalla straordinaria bellezza che fu rapito in cielo da Zeus e nell'Olimpo diventò il coppiere degli Dei.
Anche il paran per longitudine con uccello "regale" come il Cigno conferma questi significati.

Terzo decano dell'Acquario (governato dalla Luna).

Un uomo decapitato in compagnia di una vecchia. È un decano di abbondanza, compimento, volontà e confronto.

Per quest'uomo decapitato si vedano le osservazioni che abbiamo già fatto a proposito del primo decano. Si noti che Perseo con la testa di Medusa in mano è all'orizzonte nord e ha davanti a sé l'Auriga con la Capretta (questo asterismo potrebbe essere stato identificato con la vecchia di cui parla l'immagine).

Del resto l'idea di una vecchia potrebbe anche essere stata suggerita dalla stessa bruttezza di Medusa. Notiamo di sfuggita che le tre Graie erano sorelle delle Gorgoni, custodivano il luogo in cui erano le sorelle, ed erano nate vecchie.

Perseo potrebbe aver suggerito le idee di volontà e confronto, mentre l'abbondanza potrebbe essere legata alla Vergine che tramonta ad ovest, e forse anche alla natura Saturno-Giove di Skat (stinco dell'Acquario) che dà fortuna e felicità duratura.

I TRE DECANI DEI PESCI

Primo decano dei Pesci (governato da Saturno)
Un uomo con due corpi che saluta con le mani. È un decano di pace, umiltà, debolezza, miseria, ricerca di ricchezze, cibo del povero.

I Pesci sono un segno/costellazione doppio, cioè bicorporeo, e così anche la Vergine che tramonta ad ovest, la parte posteriore del Sagittario al Mc, i Gemelli al meridiano nord, e persino l'Auriga che sorge a nord dei Pesci, essendo composto da una figura umana con una capretta in braccio.
Quanto ai paran per longitudine, abbiamo una corrispondenza con il Centauro al Disc (anche lui composto da una figura umana e una animale).
Tanto basta a spiegare la natura bicorporea dell'immagine del decano. Gli effetti sono legati alla natura Saturno-Mercurio delle stelle della testa del Pesce meridionale e a Saturno che governa il decano.

Secondo decano dei Pesci (governato da Giove)
Un uomo con due teste che ha i piedi in alto e cibi in mano. È un decano di grande valore, di pensiero, di volontà forte nelle cose elevate.

Un'altra immagine doppia, spiegabile in parte in base alle considerazioni già fatte a proposito del primo decano, in parte in base alla posizione rovesciata in cui effettivamente si presentano due costellazioni che sono angolari mentre sorgono i Pesci, e cioè la Vergine (che tramonta a rovescio, quindi con i piedi in alto, tenendo in mano la spiga, ovvero il cibo di cui parla l'immagine) ed Ercole (che è al Mc ed è anche lui a rovescio).
Il governo di Giove nel suo domicilio e la presenza nel Pesce Australe della potente e benefica stella Fomalhaut (e più in generale, delle stelle della seconda parte dei Pesci) spiegano bene l'influsso del decano. La presenza di Ercole al Mc spiega anche perché sia un decano "di grande valore" e di "volontà forte".

Terzo decano dei Pesci (governato da Marte)
Un uomo triste e di cattivi pensieri che riflette a inganni e tradimenti; davanti a lui c'è una donna che ha in mano un uccello e un asino che le sale sopra. È un decano di innalzamenti, convegni con donne desiderose, pace, riposo dalla ricerca.

A suggerire l'immagine dell'asino possono essere state le costellazioni della Giraffa e della Lince che sono al meridiano nord. Oppure si tratta di Pegaso che non è angolare, ma in compenso si trova proprio sopra i due Pesci che sorgono, così come Andromeda che è accanto al cavallo e quindi potrebbe essere la donna di cui parla l'immagine. La donna ha in mano un uccello che potrebbe anche essere il cigno o la fenice che sorgono in paran per longitudine con i Pesci.
Quanto ai "convegni con donne desiderose", sono ben rappresentati dall'immagine della donna montata dall'asino. La "pace e riposo dalla ricerca" sono evidentemente ispirati dal fatto che si tratta dell'ultimo decano dello

Zodiaco. Gli effetti positivi possono essere legati alla natura Giove-Venere del Pesce settentrionale.

BIBLIOGRAFIA

ALBANO, GIACOMO: "LE IMMAGINI CELESTI. STELLE FISSE E COSTELLAZIONI IN ASTROLOGIA", EDIZ. YOUCANPRINT, 2017

ALBANO, GIACOMO: "LE IMMAGINI CELESTI IN ASTROLOGIA: DECANI, MONOMERI, STELLE FISSE E COSTELLAZIONI", VOL. I.

ALBANO, GIACOMO: "ASTROLOGIA DEI RAGGI. COME I RAGGI DELLE STELLE CREANO IL MONDO", EDIZ. YOUCANPRINT E LULU, 2017

ANONIMO DEL 379: "STELLE LUCIDE, PASSIONALI, NOCIVE, SOCCORRITRICI", TRADUZIONE DI GIUSEPPE BEZZA

BELLIZIA, LUCIA: "DA TEUCRO BABILOBIO A PALAZZO SCHIFANOIA: I DECANI", articolo che trovate qui http://www.apotelesma.it/wp-content/uploads/2016/02/Da_Teucro_il_Babilonio_a_Palazzo_Schifanoia._I_Decani1.pdf

BEZZA, GIUSEPPE: "LE DIMORE CELESTI. SEGNI E SIMBOLI DELLO ZODIACO", XENIA, 1998

BRADY, BERNADETTE: BRADY'S BOOK OF FIXED STARS, RED WHEEL WEISER; NEW EDITION EDIZIONE (6 MAGGIO 1998)

CATTABIANI, ALFREDO: PLANETARIO, MONDADORI, 2001

EBERTIN, REINHOLD: FIXED STARS AND THEIR INTERPRETATION, AMER FEDERATION OF ASTROLOGERS INC (DICEMBRE 2009)

FIORELLO, MARGHERITA: I DECANI DI ALBUMASAR. STORIE E RAPPRESENTAZIONI DELLE IMMAGINI STELLATE DELLO ZODIACO, CreateSpace Independent Publishing Platform, 2017)

MORSE, ERIC: THE LIVING STARS, AMETHYST BOOKS, 1989

NOONAN, GEORGE: FIXED STARS AND JUDICIAL ASTROLOGY, AMER FEDERATION OF ASTROLOGERS INC, 2009

ROBSON, VIVIAN: FIXED STARS AND CONSTELLATIONS IN ASTROLOGY, KESSINGER, 2010

SAIF, LIANA: "THE ARABIC THEORY OF ASTRAL INFLUENCES IN EARLY MODERN MEDICINE" (articolo disponibile sul web)

TOLOMEO, TETRABIBLOS, ARKTOS, 2006

OPERE DELLO STESSO AUTORE

OGNI UOMO è UNA STELLA. ALLA RICERCA DELLA NOSTRA STELLA MADRE: L'INDIVIDUAZIONE DEI SIGNIFICATORI STELLARI NEL TEMA NATALE (edizioni Youcanprint e Lulu, 2019)

COMETE, NOVE E SUPERNOVE NEL TEMA NATALE E IN ASTROLOGIA MONDIALE (edizioni Youcanprint e Lulu, 2020)

I SEGRETI DELL'OTTAVA SFERA. STUDIO SULLE CORRISPONDENZE ASTROLOGICHE TRA LA SFERA DELLE STELLE FISSE E LE COSE TERRESTRI (edizioni Youcanprint e Lulu, 2018)

LE QUINDICI STELLE BEHENIANE TRA MAGIA E ASTROLOGIA (edizioni Youcanprint e Lulu, 2018)

LEZIONI DI MAGIA PRATICA E TEURGICA (RISERVATO AGLI STUDENTI DEL CORSO DI MAGIA HOODOO, vedi il sito dell'autore www.astrologiaprevisionale.net)

LE IMMAGINI CELESTI: MONOMERI, DECANI, COSTELLAZIONI E STELLE FISSE - VOL 1: MONOMERI E DECANI

LE IMMAGINI CELESTI: MONOMERI, DECANI, COSTELLAZIONI E STELLE FISSE – VOL 2: COSTELLAZIONI E STELLE FISSE

ASTROLOGIA DEI RAGGI. COME I RAGGI DELLE STELLE CREANO IL MONDO (edizioni Youcanprint e Lulu, 2017)

TRATTATO DI ASTROLOGIA ORARIA TRADIZIONALE (edizioni Youcanprint e Lulu, 2012)

TRATTATO DI ASTROLOGIA ELETTIVA TRADIZIONALE (edizioni Youcanprint e Lulu, 2013)

LE DIMORE LUNARI IN ASTROLOGIA ELETTIVA (edizioni Youcanprint e Lulu, 2012)

ASTROLOGIA ORARIA AVANZATA. Tecniche avanzate, divinazione, domande di natura metafisica, interpretazione di segni premonitori (edizioni Youcanprint e Lulu, 2014)

MACROCOSMO E MICROCOSMO IN ASTROLOGIA. Saggi di cosmologia esoterica e astrologia oraria, elettiva, genetliaca e mondiale (edizioni Youcanprint e Lulu, 2013)

COME RICEVERE VITA DAL CIELO (Opera di Marsilio Ficino, traduzione e commento di Giacomo Albano) (edizioni Youcanprint e Lulu, 2014)

MAGIA ASTRALE E TALISMANI. Come creare immagini astrologiche dotate di potere magico (edizioni Youcanprint e Lulu, 2013)

IL MISTERO DI GESU' SVELATO DALL'ASTROLOGIA (edizioni Youcanprint e Lulu, 2009)

ASTROLOGIA DELLE BORSE. Come prevedere l'andamento dei mercati finanziari con l'astrologia classica (edizioni Youcanprint e Lulu, 2011)

L'INCESTO FILOSOFALE (ZEROUNOUNDICI EDIZIONI, 2008)

L'INTERPRETAZIONE DEL TEMA NATALE CON L'ASTROLOGIA CLASSICA (edizioni Youcanprint e Lulu, 2014)

MAGIA E TEURGIA ASTROLOGICA. CULTI ASTRALI E PRATICHE MAGICO-TEURGICHE (edizioni Youcanprint e Lulu, 2015)

ASTROLOGIA ORARIA FINANZIARIA (edizioni Youcanprint e Lulu, 2015)

COLLANA DI MAGIA PRATICA E STREGONERIA. I RITI PIU' POTENTI DI OGNI TRADIZIONE MAGICA (opera in 10 volumi):

- RITI PER LA SALUTE E LA GUARIGIONE
- RITI PER L'AMORE
- RITI PER L'AMORE GAY E LESBICO
- RITI PER PROCESSI, QUESTIONI LEGALI E INVISIBILITA'
- RITI PER L'AMICIZIA
- RITI PER LA PROTEZIONE MAGICA
- RITI PER IL MALE: FATTURE, MALEDIZIONI, TALISMANI E ALTRI MALEFIZI
- RITI PER ACCRESCERE GUADAGNI E RICCHEZZE
- RITI PER CONTROLLO MENTALE E DOMINAZIONE
- I SEGRETI DEL MONDO DEGLI SPIRITI: TECNICHE DI COMUNICAZIONE, CULTO E SODALIZIO CON ESSI

Per leggere presentazioni ed estratti di queste opere: www.astrologiaprevisionale.net (Nel sito troverete informazioni anche su vari tipi di Corsi di Astrologia e Magia astrologica, articoli e altro materiale).

Alcuni dei volumi della collana *Magia pratica e stregoneria. i riti più potenti di ogni tradizione magica* sono disponibili solo qui http://www.lulu.com/spotlight/Astrologo

Printed by Amazon Italia Logistica S.r.l.
Torrazza Piemonte (TO), Italy